DAS LEVIKON

von **CHRISTINE CORING**

KUNSTMANN

Grüezi

Hallo!

Hey

Guten Tag

Herzlich willkommen!

Griaß di!

Servus

MIT BUNTEN ZETTELN FING ALLES AN.

Der neue Kollege aus dem Ausland hatte mich ratlos angesehen, als ich ihn bat, sich einen „Ratzefummel" zu schnappen, um eine Skizze auszubessern. Ich zeichnete ihm einen, schrieb eine kurze Erklärung dazu und sagte ihm, dass er uns jederzeit fragen könne, wenn er etwas nicht verstand. Das tat er und einige Dutzend Zettel später besorgte ich ein Vokabelheft, damit kein Wort verloren ging und wir Platz für viele neue Begriffe hatten.

Der Kollege, für den wir das Vokabelheft angelegt haben, heißt Levi.
Und so entstand die Idee für das LEVIKON.

Schnell wurde das LEVIKON mit seiner ständig wachsenden Mischung aus witzigen, umgangssprachlichen, mundartlichen, ausgefallenen, fast vergessenen oder gerade neu erfundenen Wörtern zum beliebten Nachschlagewerk. Egal, welches Alter die Person hatte oder ob sie aus einem fernen Land, einem Nachbarland oder auch nur aus einem anderen Bundesland kam ...

Mir war nicht klar, wie sehr die Freude an Sprache uns alle verbindet und wie viel Spaß es uns machen würde, jemanden in der eigenen Sprache willkommen zu heißen. Diese Begeisterung möchte ich weitergeben. Darum ist ein Teil dieses Buches bereits mit unseren Lieblingswörtern und -ausdrücken befüllt. Aber es gibt auch jede Menge Seiten, die noch leer sind und auf Euch warten. Nun ist es Euer LEVIKON. Macht daraus ein einzigartiges, schönes, buntes und ganz persönliches Vokabelheft.

Wie benutze ich mein Levikon?

1. Jemand sagt ein **Wort**, das du **noch nie gehört** hast.

2. Bitte die Person, es **zu erklären** und in dein Levikon zu schreiben. Gerne mit **Zeichnung**. Oder schreibe und male es selbst hinein.

 GUTEN TAG / HALLO! (NORDDEUTSCH)

 DACKEL

leiwand — *richtig toll (österreichisch)*

 AUTORITÄRE GESPRÄCHSUNTERBRECHUNG

 (SCHWEIZERDEUTSCH)

schnieke	schick
DREIKÄSE-HOCH	KIND
ALLES KLÄRCHEN	OK
etwas an die große Glocke hängen	etwas, leicht übertrieben, öffentlich machen
SPECKGÜRTEL	UMLAND EINER STADT
wacker	anständig / tüchtig
HERRENGEDECK	KORN (aka "KURZER" "SCHNAPPO") + BIER

FRITTE

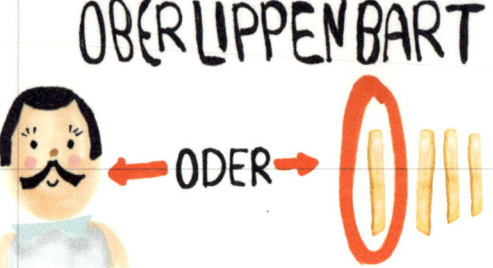

OBERLIPPENBART ← ODER →

ratzen, knacken, dösen, pofen — ZZZZZZZZzzzz

Zwickmühle / Bredouille — scheinbar aussichtslose Situation / Bedrängnis

FROHNATUR — POSITIVES GEMÜT / GLÜCKLICHER MENSCH

die Gelegenheit beim Schopfe packen — eine (gute) Gelegenheit nutzen

auf die Tube drücken — etwas beschleunigen

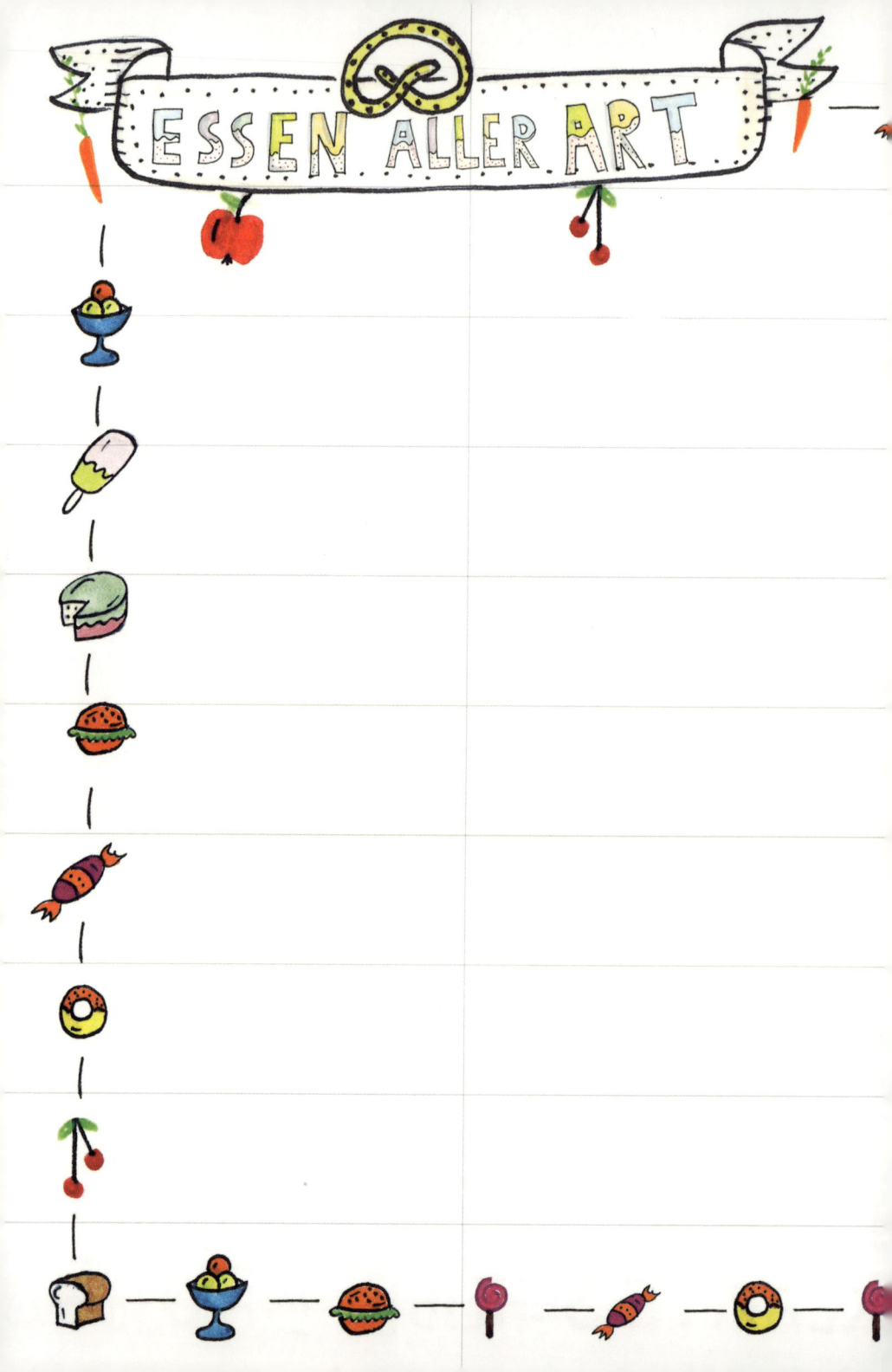

Kohldampf haben — Hunger haben

HAWARA — **FREUND** (BAYERISCH / ÖSTERREICHISCH)

Deine Muddah! — Deine Mutter

Pömpel — Gerät zur Beseitigung von Verstopfungen

schmallippig — wortkarg / nicht besonders redselig

GEHIRNFASCHING — ABSURDE IDEE

VEILCHEN — BLAUES AUGE (DURCH KLOPPE)

jemandem zeigen, wie man etwas richtig macht! Stärke zeigen

olle Gurke

altes Fahrzeug (AUTO, FAHRRAD...)

STÖBERN	ENTSPANNT WÜHLEND ETWAS SUCHEN ("RUMKRAMEN")
Maloche	Arbeit/Schicht
HUTZEL	TANNENZAPFEN (PFÄLZISCH)
AUFGEDONNERT	ÜBERTRIEBEN GESTYLT SEIN (HAARE, MAKE-UP...)
Bonvivant	jemand, der gerne chillt und gute Sachen futtert
Tüdelüt	Kleinkram (norddeutsch)
SCHENKELKLOPFER	SUPER WITZ
DU BIST VIELLEICHT 'NE MARKE	DU BIST VIELLEICHT EINE/R (SCHLINGEL, SCHELM...)

KNUST  ENDSTÜCK VOM BROT

hanebüchen	abwegig / merkwürdig
a Muggeseggele	ein kleines bisschen / kleinste Einheit (schwäbisch)
erquickend	erfrischend
FLITZPIEPE	JEMAND, DEN MAN NICHT ERNST NEHMEN KANN
Dünkel	Hochmut
Schnitzer	kleiner Fehler

REDE-WENDUNGEN

Heute werde ich nicht alt.

Heute gehe ich früh ins Bett/nach Hause.

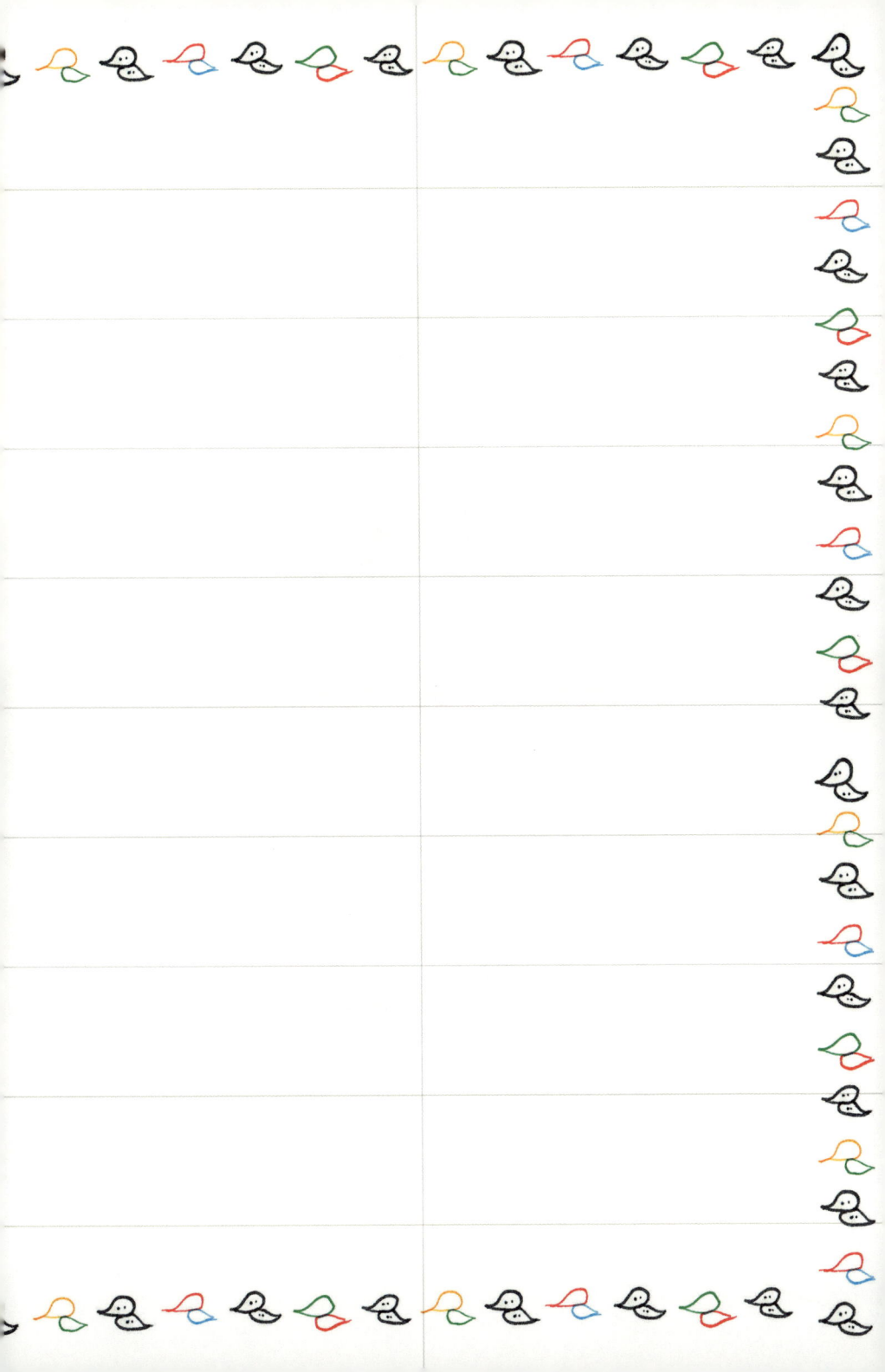

DUTT  FRISUR

alldieweil	während / weil / währenddessen
Alter!* *in Hamburg „Digger"	allgemeiner Ausruf / auch: guter Kumpel
schmusig	entspannt / kuschelig
ein Mü	ein pupsikleines bisschen
Schlauberger	jemand, der glaubt, alles besser zu wissen

DOOFE
(ABER IRGENDWIE LUSTIGE)
SCHEISSIDEE

ESELS-BRÜCKE

einprägsamer Satz, damit man sich etwas besser merken kann

FdH "FRISS' DIE HÄLFTE"

Diätform, bei der man kurzfristig abspeckt, weil man nur die Hälfte von allem isst. Bis man so doll Hunger bekommt, dass man das Doppelte isst.

WONNE	SCHÖNES GEFÜHL
buzeln	schlafen (SÄCHSISCH)
PROPELLER	FLIEGE (also das Kleidungsstück, nicht das Insekt!)
beseelt	innerlich erfüllt sein
sich mausern	sich entwickeln / etwas aus sich machen
OSTFRIESENNERZ	REGENJACKE (ÖLJACKE)
aus dem Quark kommen JAAAAA QUARK	etwas anfangen, das man schon lange vor sich herschiebt

SCHWIMMNUDEL	Hilfe für Kinder zum Schwimmen lernen. Sieht aus wie eine dicke Spaghetti, auf die man sich drauflegt.
daddeln / zocken	spielen / Zeit vertreiben (vor allem am Computer oder Handy)
ABLEGER	**BABY-PFLANZE**
KLAU → KLAUE	UNLESERLICHE HANDSCHRIFT
SCHABERNACK	UNSINN / BLÖDSINN
BRESCHTLING	ERDBEERE (schwäbisch)

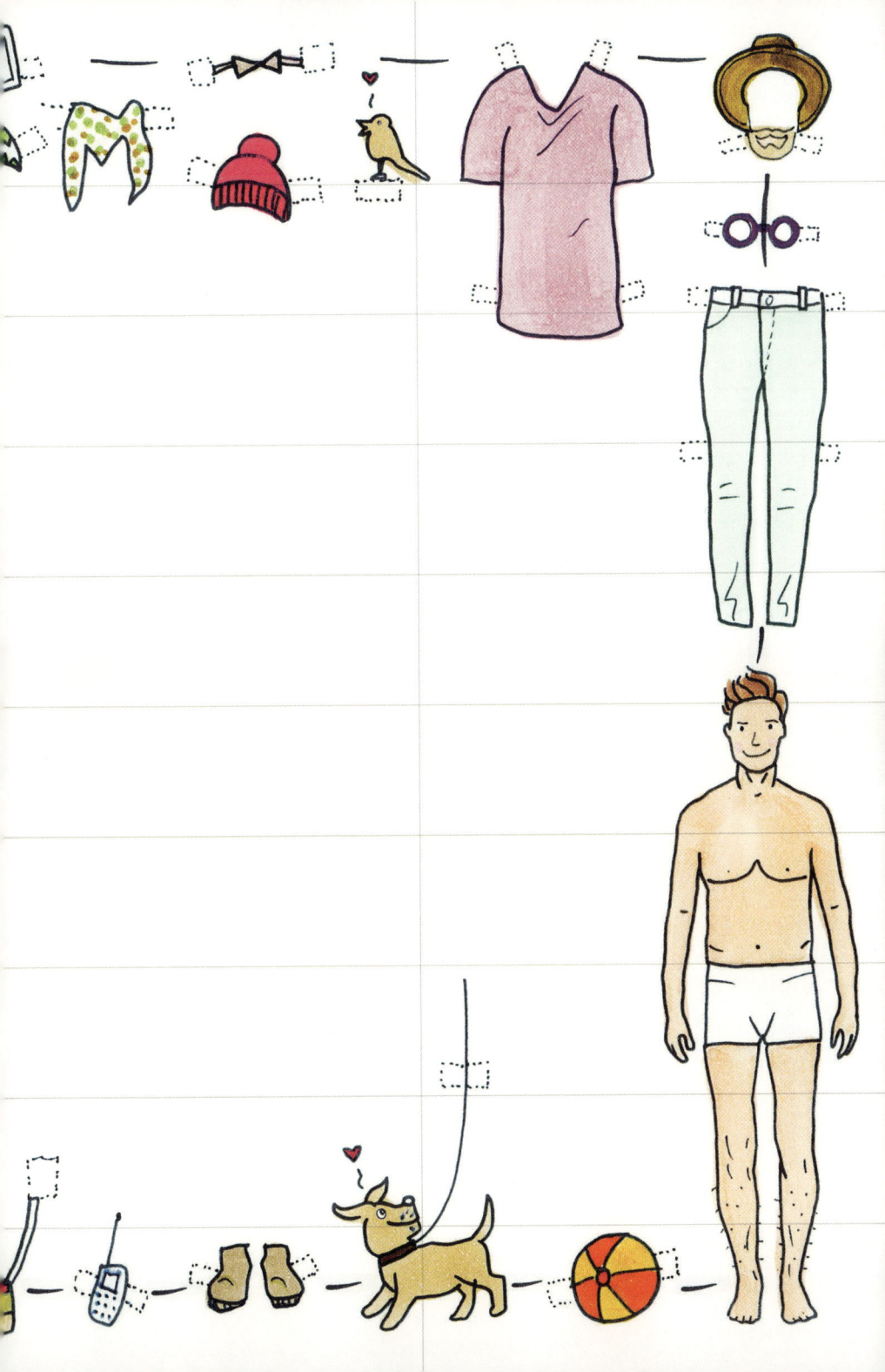

MECKE 	UNORDENTLICHE FRISUR (BERLINERISCH)
STRAHLEMANN	MENSCH, DER ÜBERTRIEBEN LACHT UND DAUERGRINST
PENIBEL	**SEHR GENAU**
OACHKATZLSCHWOAF	 (BAYERISCH/ÖSTERREICHISCH)
BOLLERWAGEN	
DIGGSCHN	**SCHMOLLEN** (SÄCHSISCH)
famos	*sehr gut*

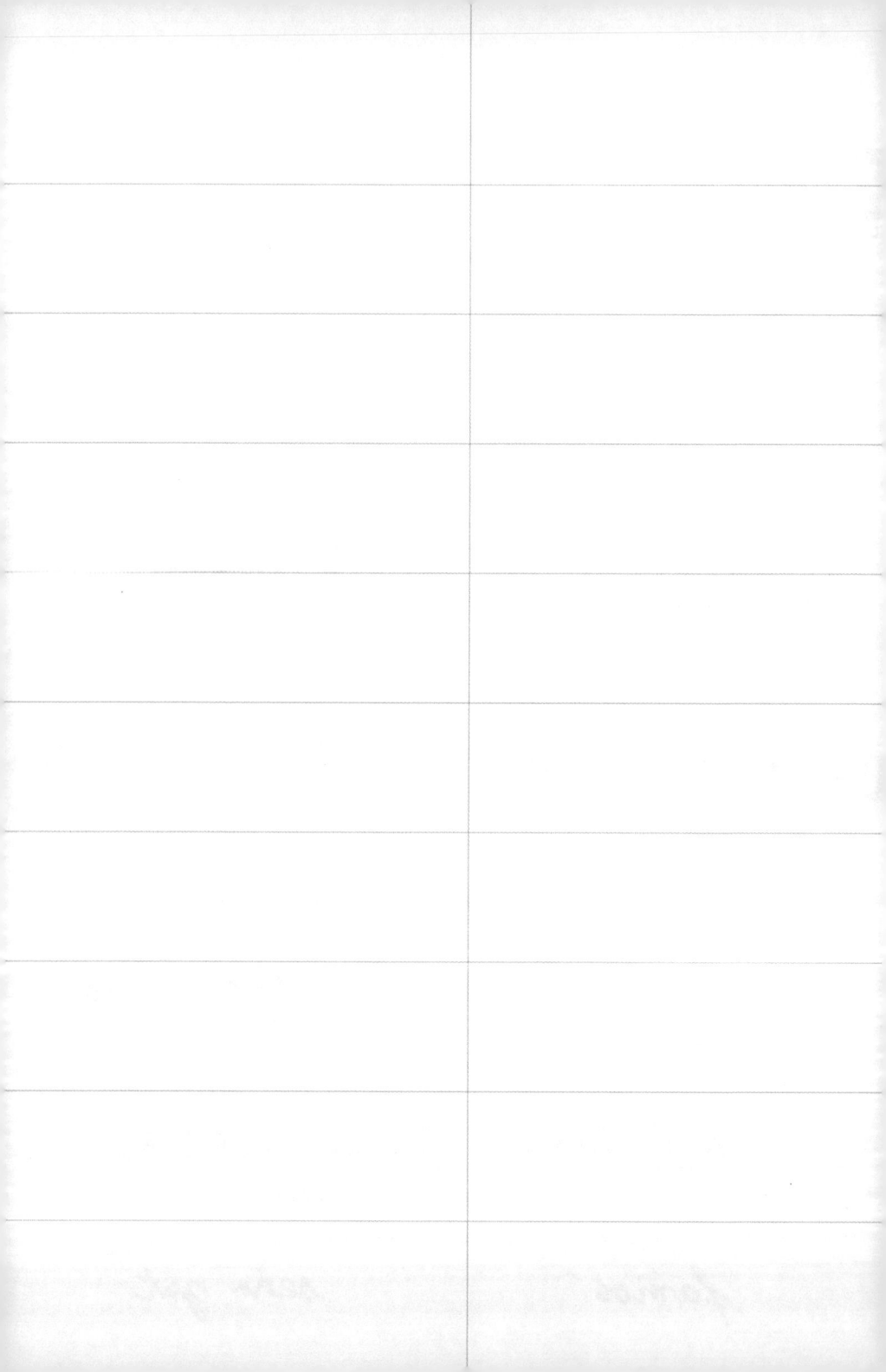

BLITZER — Gerät, das einen fotografiert („blitzt"), wenn man zu schnell Auto fährt.

FLITZER — Person, die nackt und überraschend bei öffentlichen Veranstaltungen auftaucht und rumrennt („flitzt") (Auch Bezeichnung für kleines, schnelles Auto.)

Quasselstrippe — person, die viel und gern redet

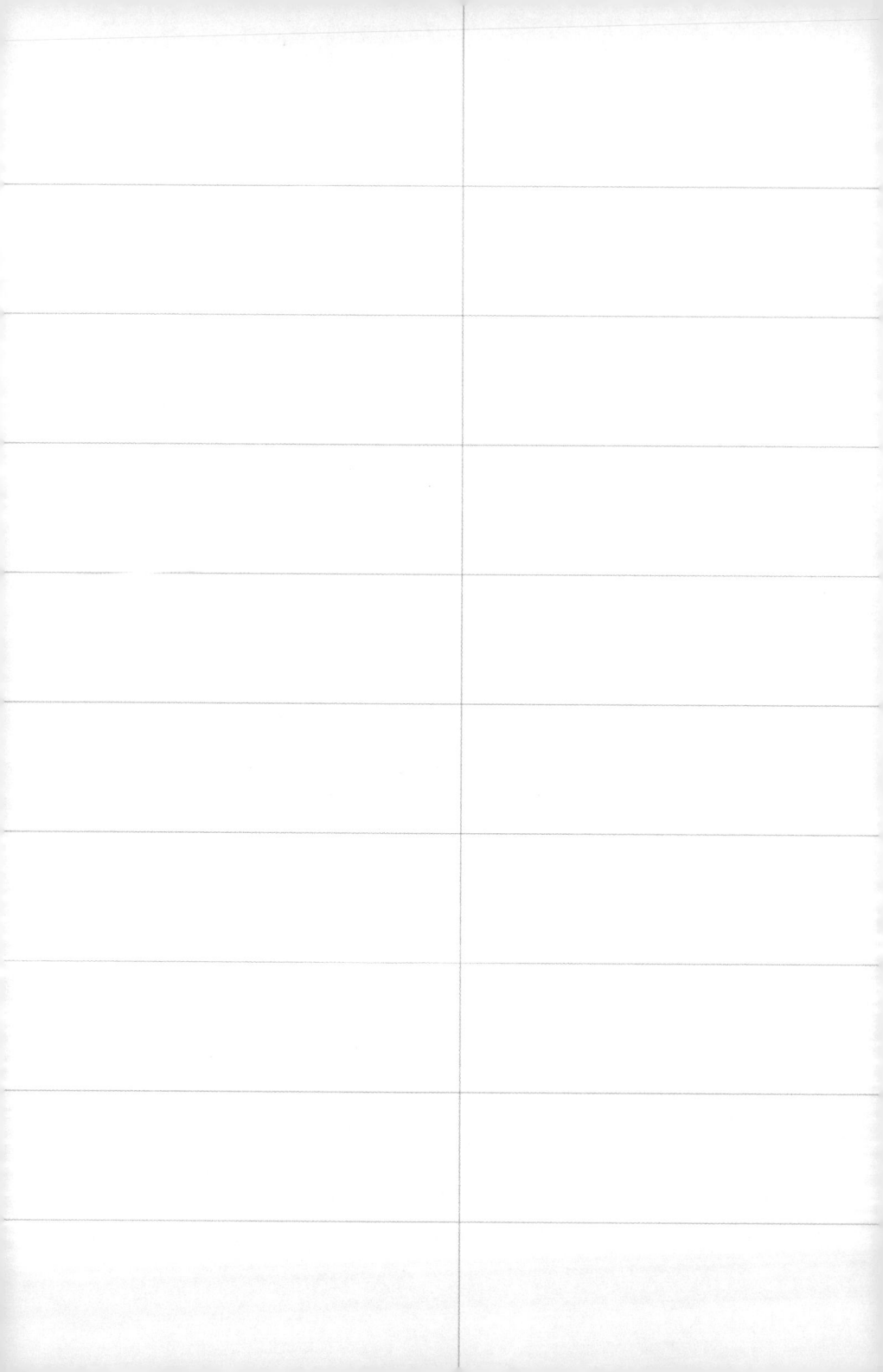

FLACHZANGE

1. WERKZEUG /
2. BEZEICHNUNG FÜR PERSON, DIE NIX RICHTIG MACHT (AUCH SPASSIGE ANREDE UNTER FREUNDEN)

SprechKäse	ekelige Ablagerungen im Mundwinkel bei Menschen, die viel und lange reden
bauernschlau	nicht gebildet, aber dafür clever und trickreich
Buxe Hose	(Westfälisch)
Milchmädchenrechnung	naive Argumentation / auf Illusion basierende Annahme
griabig	sehr gemütlich (bayerisch)

UM DEN PUDDING GEHEN	**EINE KLEINE RUNDE SPAZIEREN GEHEN** (NORDDEUTSCH)
einen sitzen haben / blau sein	betrunken sein
gewieft	schlau / verwegen
sich aus dem Staub machen	abhauen
mit Karacho	superschnell, mit viel Tempo
plemplem	bisschen irre
WIMMERL	1. PICKEL / PUSTEL 2. KLEINES BAUCHTÄSCHCHEN WIRD BESONDERS GERN BEIM SKIFAHREN GETRAGEN (ÖSTERREICHISCH)

Trübe Tasse

Dummer oder langweiliger Mensch

Evolutionsbremse   Idiot

GURKENTRUPPE	**GRUPPE VON NICHTSKÖNNERN**
Pommes Schranke mit Bremsklotz (⇒ Schnipo)	Pommes rot-weiß mit Frikadelle (⇒ Schnitzel mit Pommes)
REMINISZENZ	**ÄHNLICHKEIT/ ERINNERUNG**
GEDÖNS	**ÜBERFLÜSSIGES ZEUG** (westfälisch)
schunkeln	gleichmäßiges, geselliges Schaukeln der Oberkörper, dazu schief singen
TÜSCHI	**KÜSSCHEN** (NORDDEUTSCH)

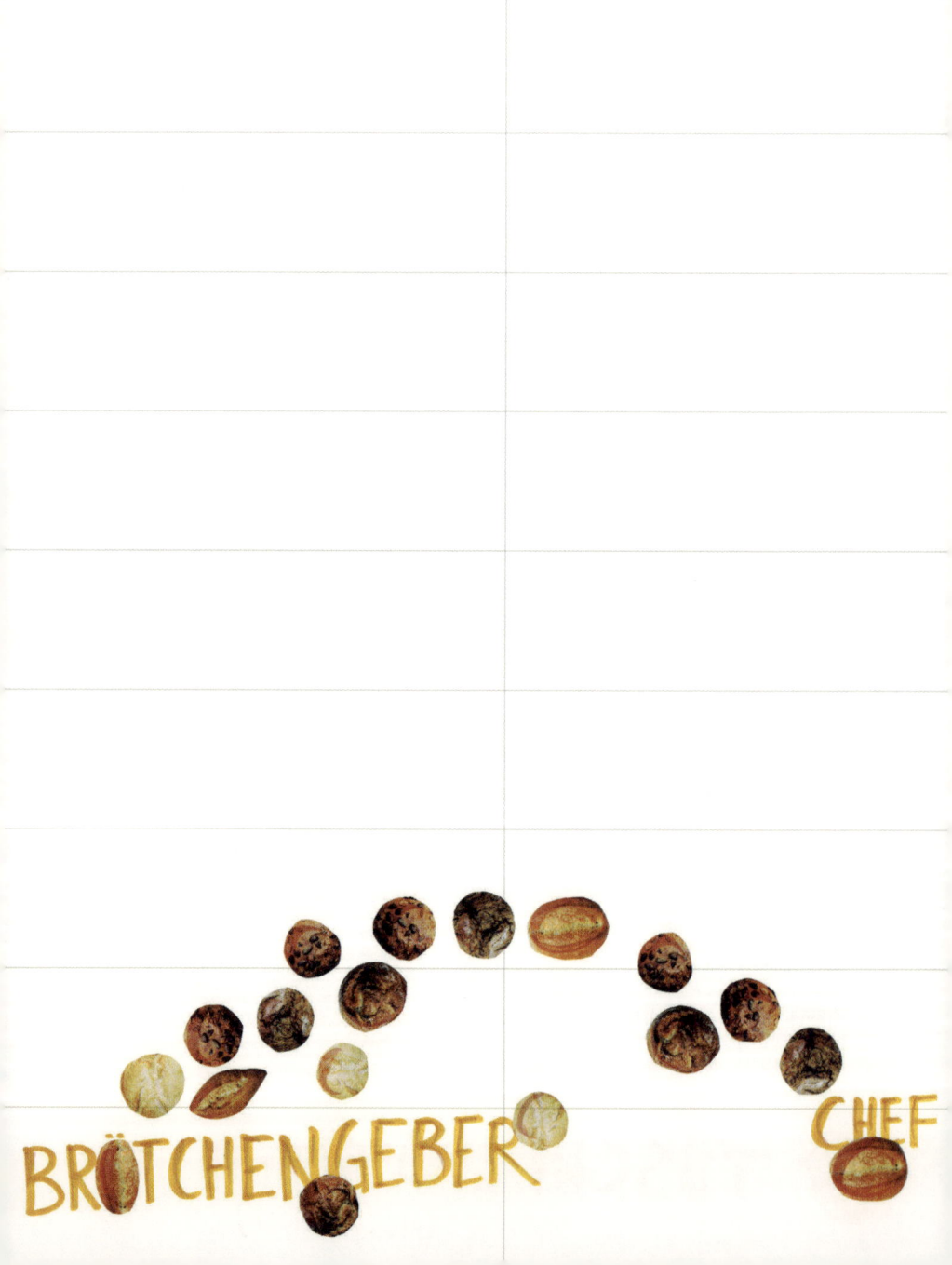

Ich glaub, mein Schwein pfeift! — Ausdruck für große Verwunderung

Flöt!

MILCH-GESICHT — Person mit sehr glattem, kindlichen Gesicht

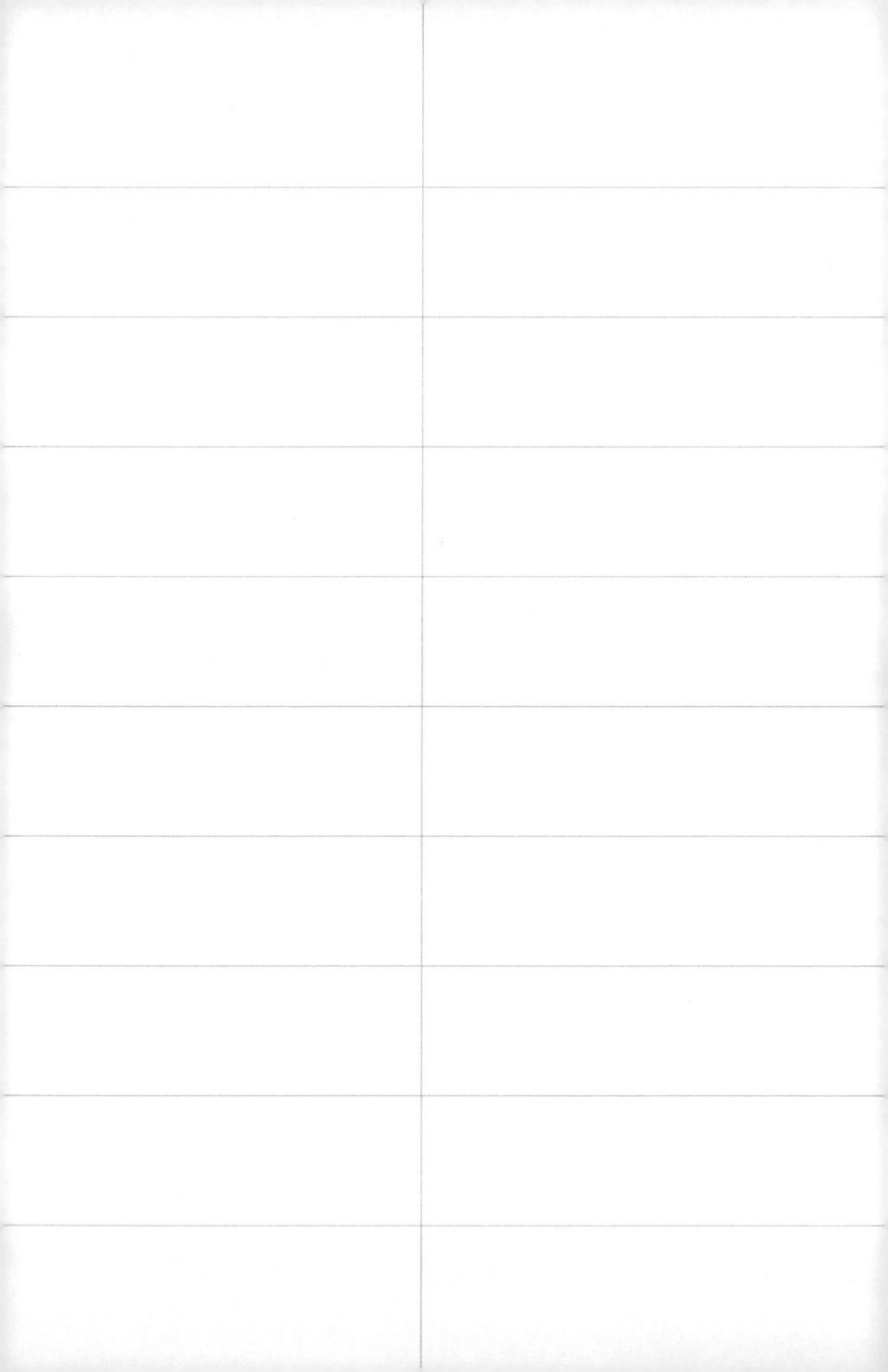

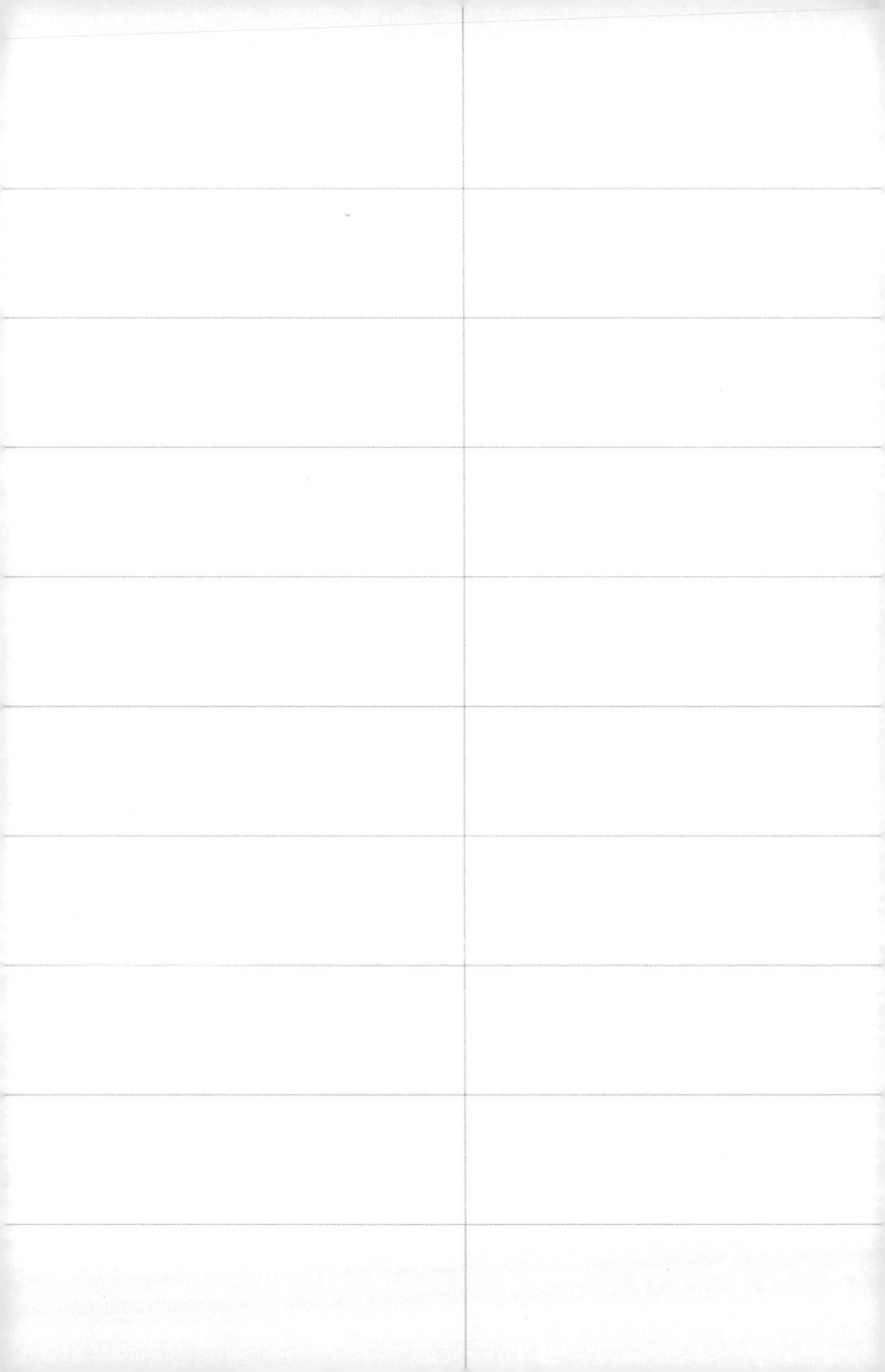

STUBENTIGER KATZE
schnurr...

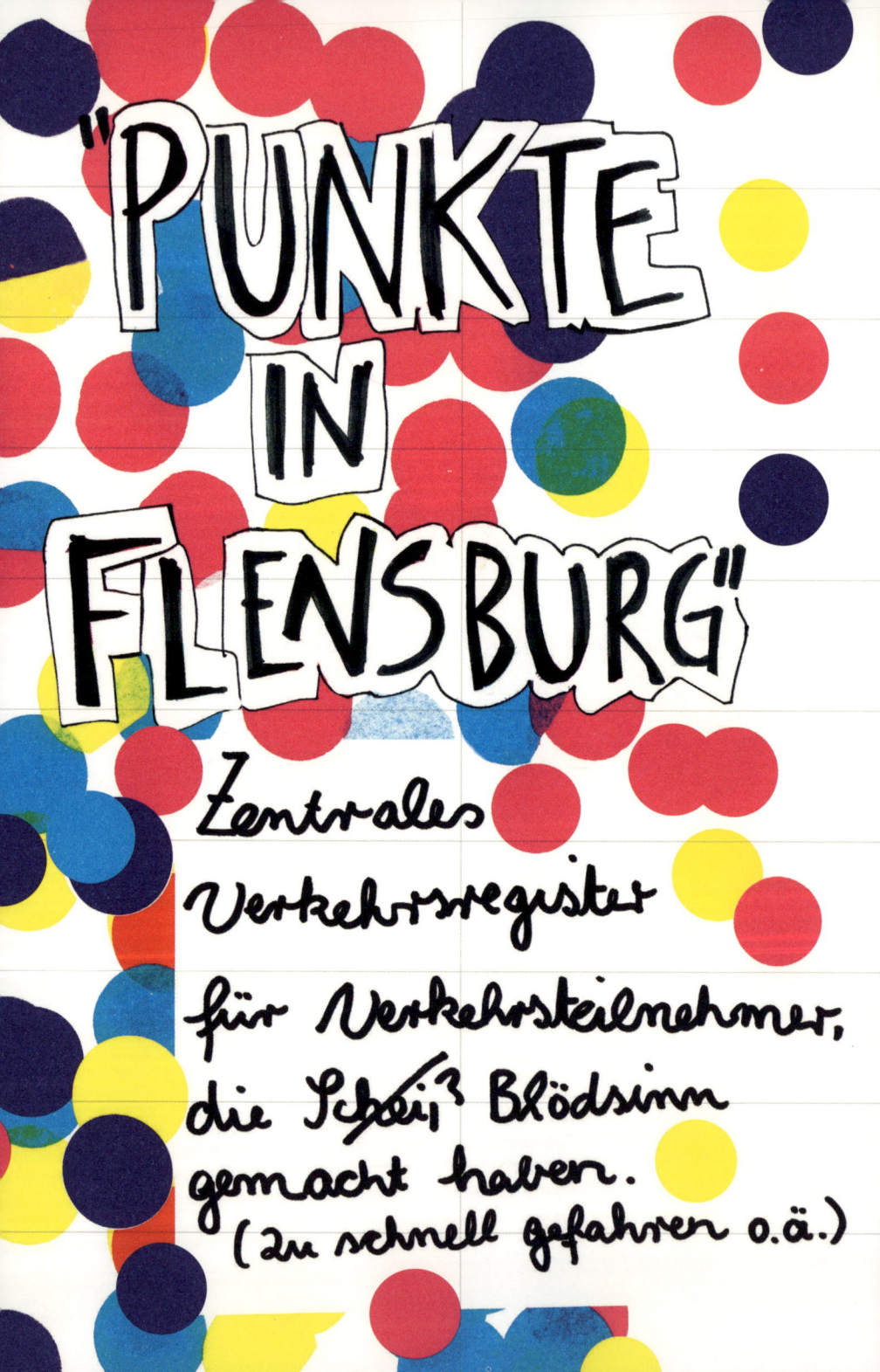

stibitzen	etwas (nicht so wertvolles) klauen
CÜPLI	GLAS SEKT, PROSECCO ODER CHAMPAGNER (SCHWEIZERDEUTSCH)
wehleidig	weinerlich ("mimimi mimi mimmi")
KOKOLORES	Blödsinn/Unfug
POPOSTÖVCHEN	SITZHEIZUNG
Dings	etwas oder jemand, dessen Namen einem gerade nicht einfällt
KERZENDOCHT	SCHNUR, AN DER MAN EINE KERZE ANZÜNDET

 FLÜSTERTÜTE — MEGAFON

MUMPITZ — QUATSCH

BÖLLER —  DAS HIER. MEGA LAUTER KRACHER, DER OFT ZU SILVESTER GEZÜNDET WIRD.

hinstratzen — hingehen / hinschlendern

STUBE — WOHNZIMMER (norddeutsch)

pingelig — kleinlich / übertrieben genau

 ZIBBERLA —  KÜKEN (FRÄNKISCH)

BISSCHEN SCHWEINISCHE WÖRTER

giebelagäbela	liebevoll ärgern (schwäbisch)
etepetete	übertrieben fein, schnöselig
FEUERTAUFE	BEWÄHRUNGSPROBE, OB JEMAND ODER ETWAS GEEIGNET IST
sperrangelweit	seeeeeeehr weit offen (z. B. eine Tür, die komplett offen steht)
blunznfett	total betrunken (österreichisch)
eine Krawatte auf jemanden haben	auf jemanden richtig sauer sein

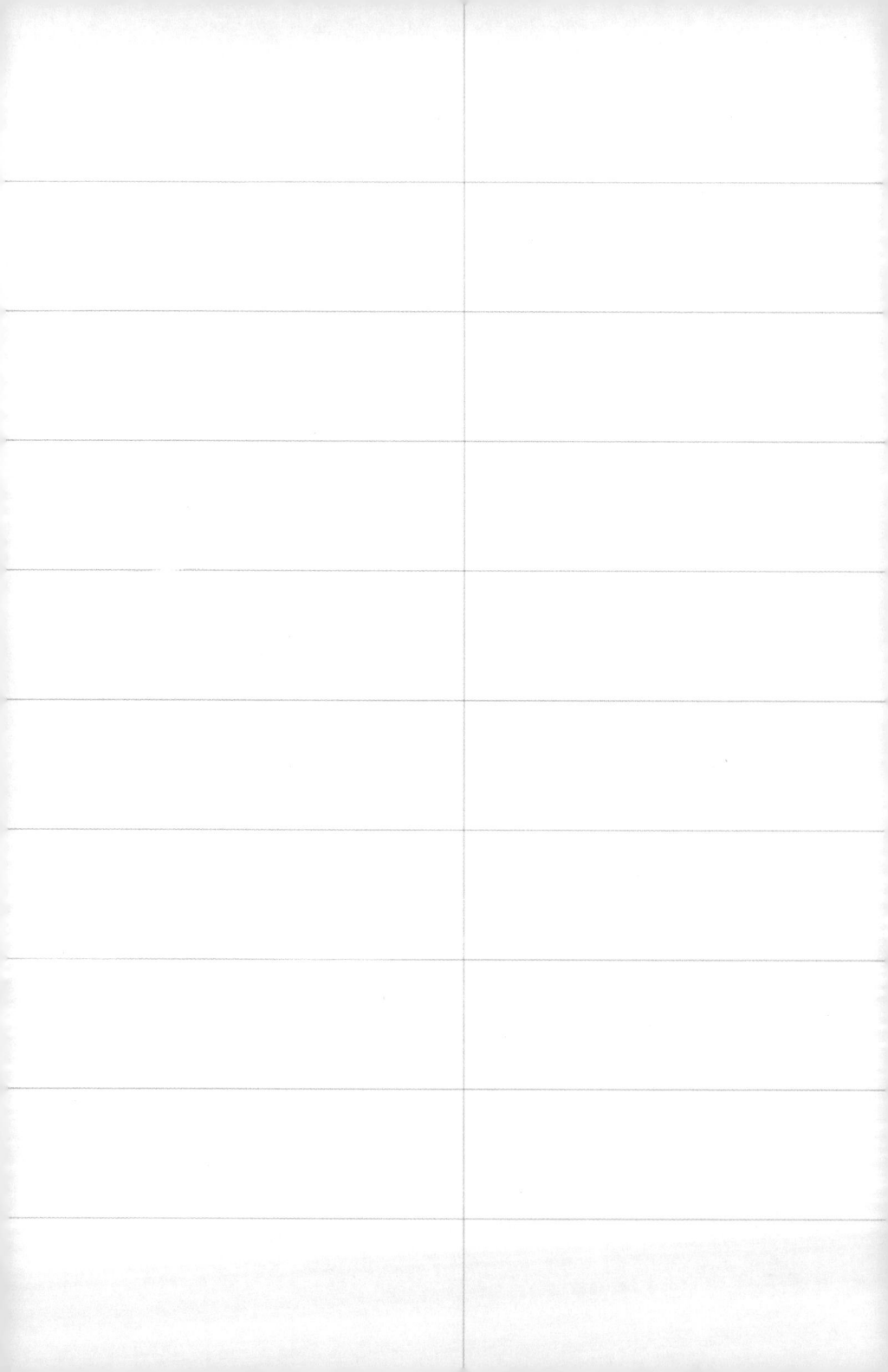

Skandalnudel

Person, die ständig was Doofes macht und damit berühmt werden will (nackig machen usw.)

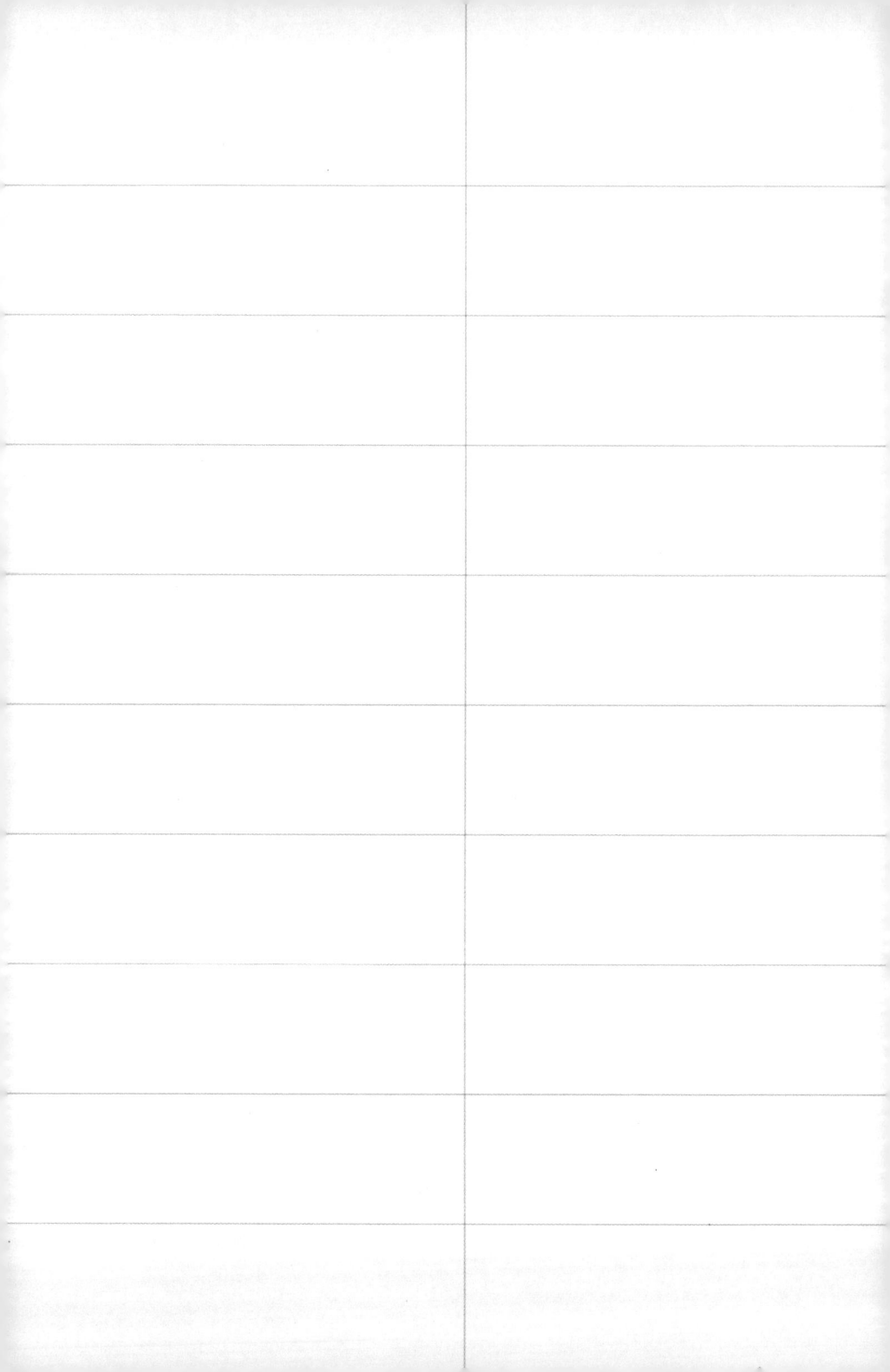

TÖFF

MOTORRAD
(SCHWEIZERDEUTSCH)

BUNKI KUCHEN
V·O·M ··· B·L·E·C·H
(ÖSTERREICHISCH)

Kumpane	Freund
RANZIEHGUGGER  FERNGLAS (SÄCHSISCH)	
Reißzwecke 	
KLÖNSCHNACK (BLA BLA)	NETTES MITEINANDER SPRECHEN (NORDDEUTSCH)
SCHURZ	halb Schiss, halb Furz
GUMPE	SPRINGEN / HÜPFEN (SCHWEIZERDEUTSCH)
AUF SEIN RECHT POCHEN	BEHARRLICH BEHAUPTEN, DASS MAN DOLL RECHT HAT

tollkühn — mutig, waghalsig

GUSCHE = **MUND** (SÄCHSISCH)

Absacker — der letzte Drink, bevor man nach Hause geht (wenn man eine Kneipentour macht oder bei jemandem was trinken war)

Naseweis — altkluges Kind

UNGUSTL — EXTREM UNANGENEHMER MENSCH (ÖSTERREICHISCH)

hibbelig — nervös, aufgeregt

WIE AUS DEM Ei GEPELLT SEIN

SEHR SCHICK ANGEZOGEN SEIN

 ETWAS RAUSPOSAUNEN	EIN GEHEIMNIS AUSPLAUDERN / RECHT LAUT VERRATEN
verhökern	verkaufen (NORDDEUTSCH)
DA STEPPT DER BÄR BESSER: DA GEHT DIE LUZIE	DA GEHT WAS/EINIGES (PARTY ODER SO)
Schnapp(er), Schnäppchen "Schnäppchenjäger"	einen günstigen Preis bezahlen für 'ne tolle Sache z.B. Hose für 50 Euro (statt 100 Euro)
Der Stift malt schon.	dringend kacken müssen
rüstig	trotz eines gewissen Alters noch fit

Handkäs' mit Musik

mit Zwiebeln, Essig und Öl eingelegter Käse

"Musik" heißt, dass man danach tüchtig pupsen muss. Kommt aus Hessen

MATRATZEN-SPORT	SEX
Es zieht wie Hechtsuppe.	es ist zugig (unangenehm windig)
Wolkenkuckucksheim	realitätsferne Vorstellung
schnurstracks —————	auf schnellstem Weg
Mach keinen Bahö!	Mach keinen Aufstand! (österreichisch)
hudeln	beeilen (ÖSTERREICHISCH)

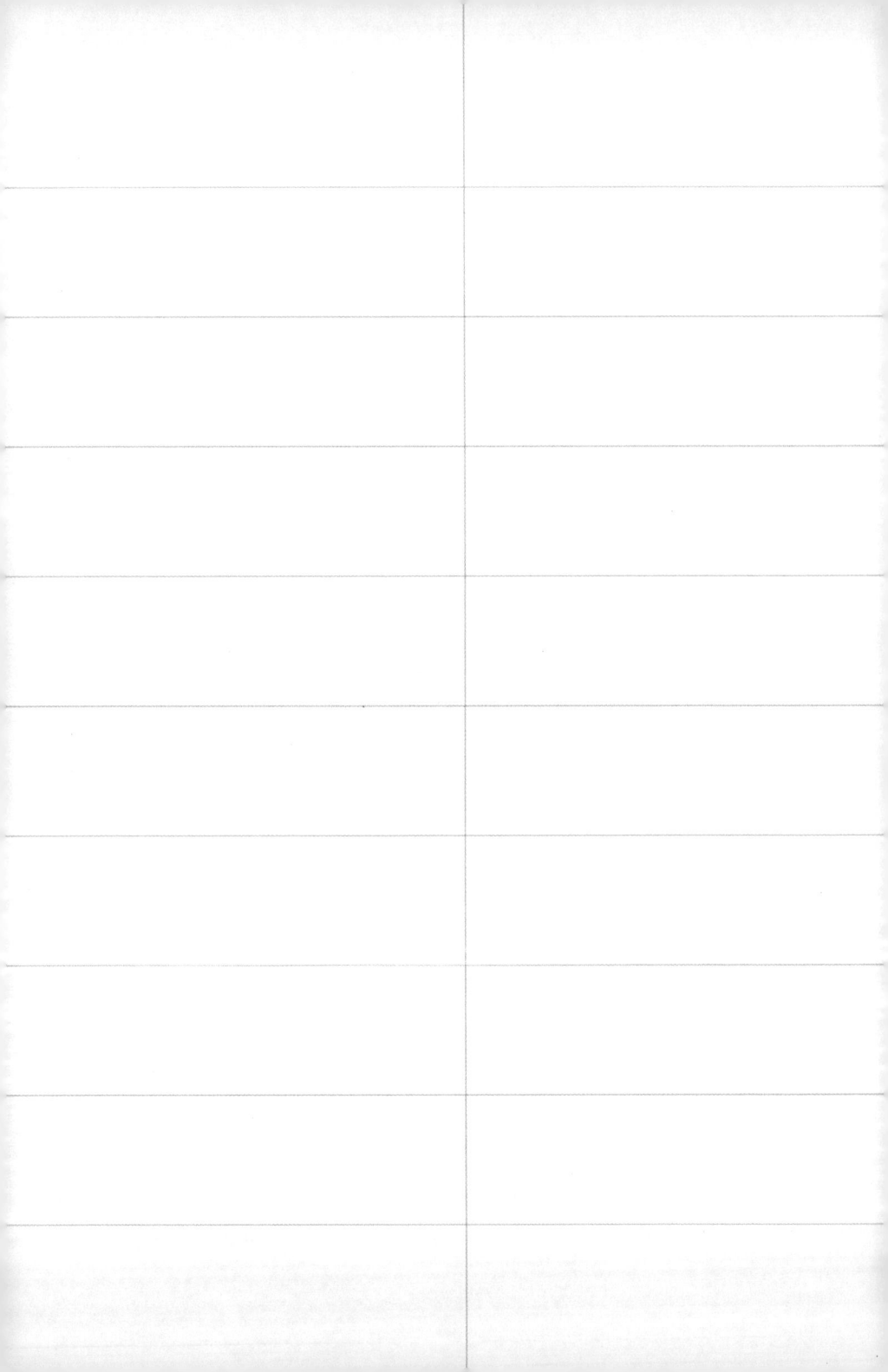

BRESLFETZN

WIENER SCHNITZEL
(ÖSTERREICHISCH)

Tacheles reden	(ungeschönte) Wahrheit sagen
astrein	top, in Ordnung
schmissig	mitreißend
Ein ❤ und eine Seele	unzertrennlich
Kuddelmuddel	Chaos/Durcheinander
BAHNHOF VERSTEHEN	WENN MAN NICHT FOLGEN KANN (VORTRAG, FILM ODER SO)
LadschKabbm	Person, die auf mix Lust hat... (FRÄNKISCH)

anfauchen	Katzen und Gänse machen das, wenn sie böse sind. („Chhhhhhh!")
PURZELBAUM	SPORTÜBUNG: ROLLE VORWÄRTS
zart besaitet	sensibel
Luke	Klappfenster oder Öffnung bei Schiffen (nix Star Wars!)
vermaledeit	unerfreulich
jemandem was husten	jemandem die Meinung sagen/ jemandem etwas abschlagen
WICKEL	STREIT (ÖSTERREICHISCH)
die Zelte abbrechen	einen Ort, an dem man länger war, verlassen und umziehen

KRAFTFAHRZEUG-ZULASSUNGS-BEHÖRDE

ORT, AN DEM MAN DIE ERLAUBNIS BEKOMMT, SEIN KRAFTFAHRZEUG (AUTO, MOTORRAD, TRECKER USW.) IN BETRIEB ZU NEHMEN

Rindfleischetikettierungs-
überwachungsaufgaben-
übertragungsgesetz

inzwischen abgeschafftes
Gesetz gegen Rinderwahn

MEIN LIEBER HERR GESANGSVEREIN

Ausruf des Erstaunens oder der Ermahnung

stringent	folgerichtig
sich tummeln	lebhaft bewegen
BÄUERCHEN MACHEN	BABY RÜLPSER
die Faxen dicke haben	keine Lust mehr haben
apathisch	unkonzentriert sein, nicht bei der Sache sein, vor sich hin glotzen
heißes Pflaster	gefährlicher Ort, an dem Vorsicht angesagt ist
KLÜSEN (DICKE) 	geschwollene Augen (NORDDEUTSCH) 

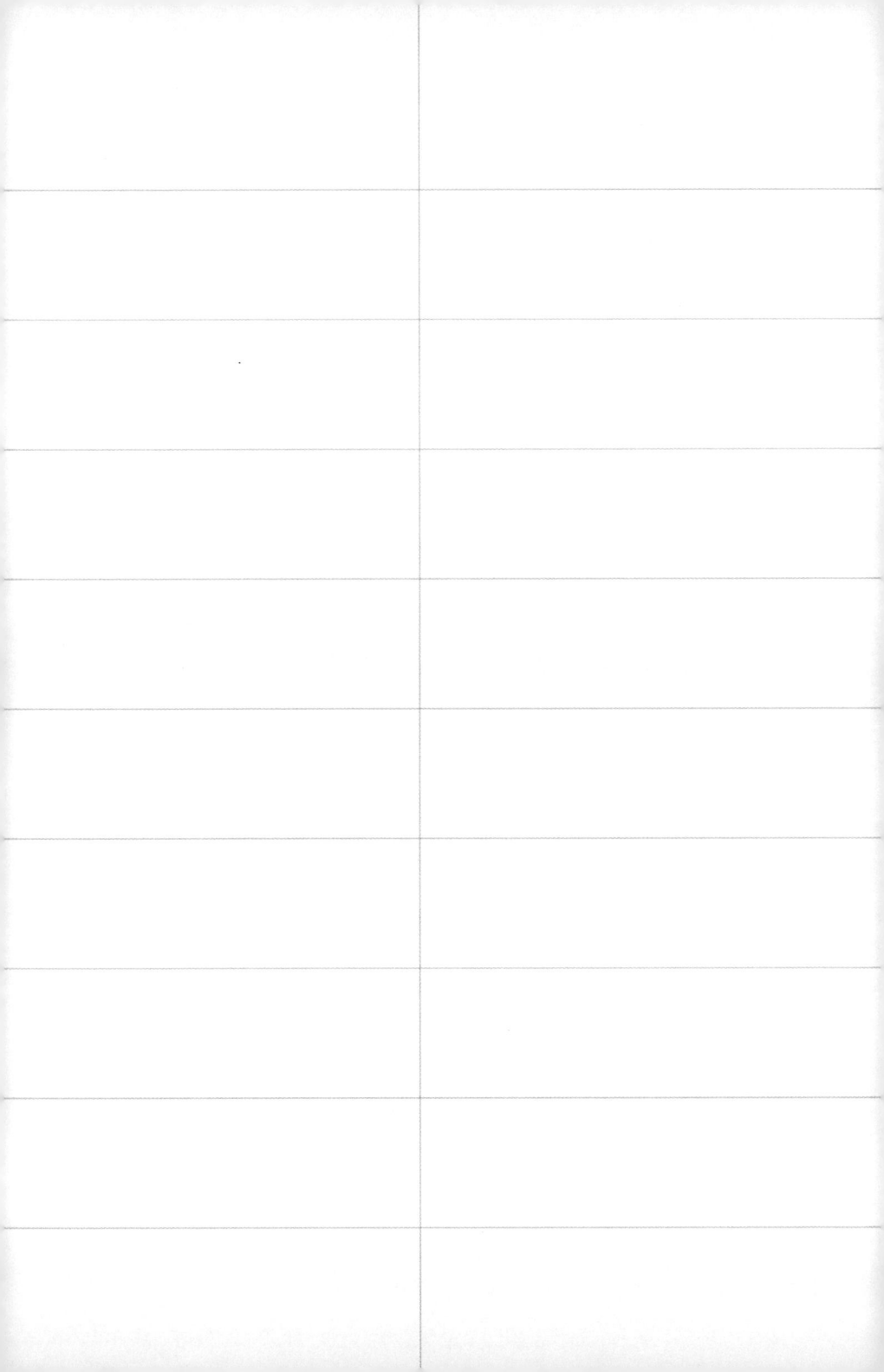

Puffbrause — sehr billiger Sekt

BETT-MÜMPFELI

SÜSSIGKEIT, DIE AUF DEM KOPFKISSEN LIEGT UND DIE MAN VOR DEM ZUBETTGEHEN KNABBERT
(SCHWEIZERDEUTSCH)

FEINER ZWIRN

SCHICKER ANZUG

aus dem Stegreif	spontan etwas tun (Rede halten...)
VORFÜHREFFEKT	wenn etwas klappt, wenn man alleine ist, und nicht klappt, wenn man es zeigen will. Klappt dann wieder, wenn man alleine ist ☺
pampig	unhöflich/mürrisch
nuscheln	undeutlich sprechen 
verhaspeln	sich versprechen / sich verheddern
seinen Senf dazugeben	ungebeten seine Meinung zu etwas ablassen

blaumachen

wenn man sich vor etwas drückt (z.B. Arbeit), um etwas Schönes zu machen. (z.B. ausschlafen)

HAHN IM KORB — ALLEIN ALS ♂ UNTER FRAUEN (z.B. IM KONFERENZRAUM) ♀ = HENNE IM KORB

TAUSENDSASSA
PERSON, DIE VIELE TALENTE HAT

SCHATTENPARKER
jemand, der versucht, jegliches Risiko auszuschließen

TECHTELMECHTEL
HEIMLICHE LIEBSCHAFT, NICHT UNBEDINGT ETWAS ERNSTES

AUF DEN KEKS GEHEN — JEMANDEN NERVEN

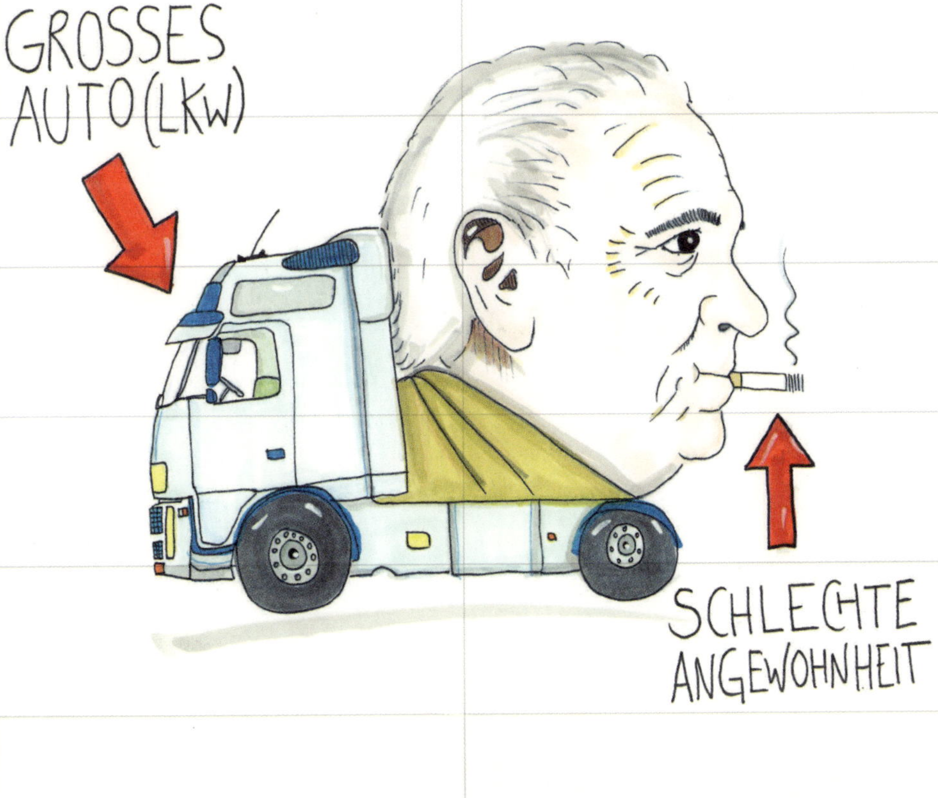

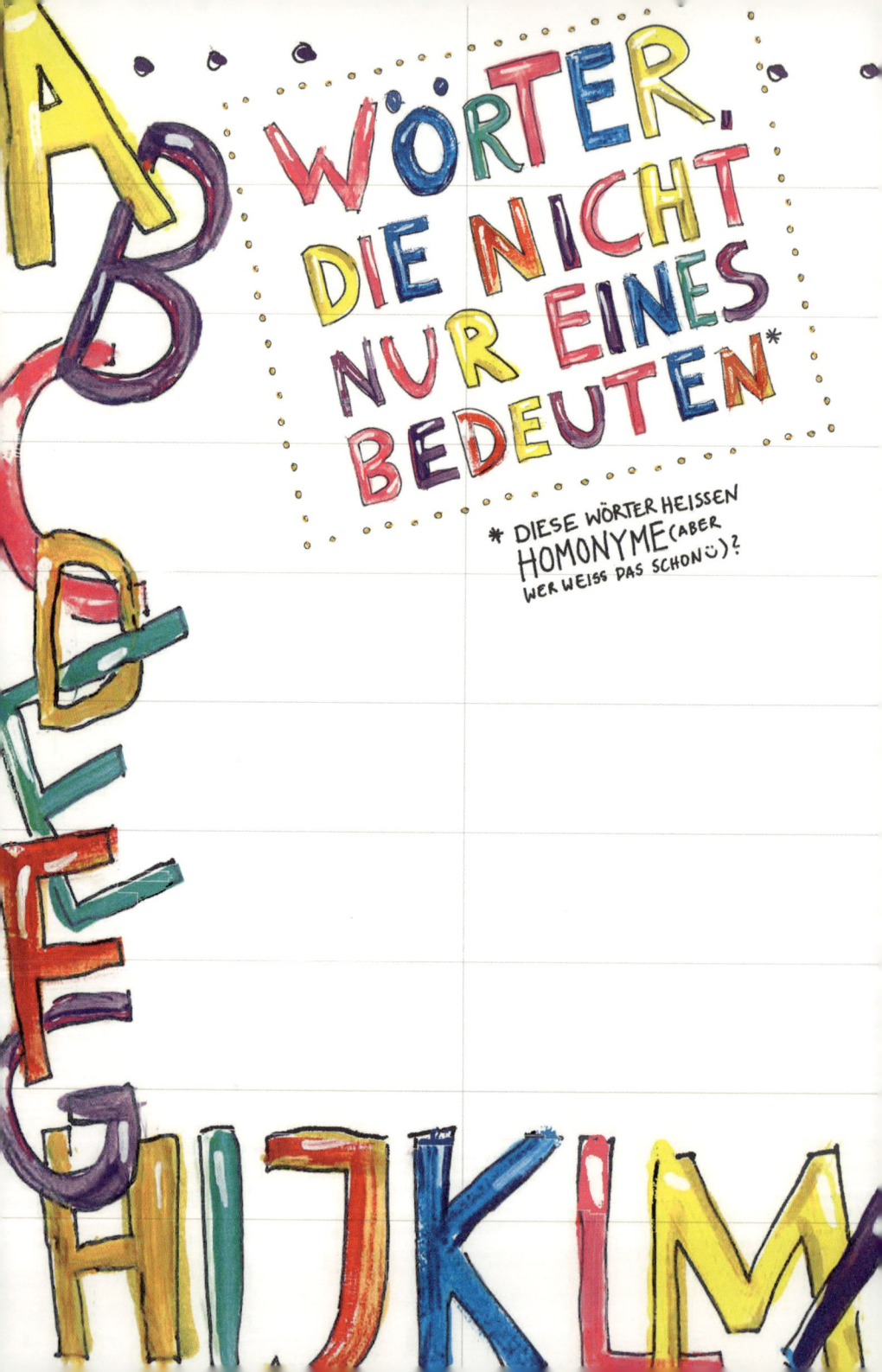

KIEFER

1. NADELBAUM
2. UNTERER TEIL VOM GESICHT
3. NACHNAME VON RECHT SCHWERMÜTIGEM MALER

CHEF, DER/DIE KEINE WICHTIGEN ENTSCHEIDUNGEN FÄLLT, SONDERN DEKORATIV HERUMSTEHT

öddelig

gammelig (NORDDEUTSCH)

AM WATSCHENBAUM RÜTTELN

STARK PROVOZIEREN (BAYERISCH)

Schlawiner

charmanter Schlingel

JEMANDEN AUF DEM RÜCKEN TRAGEN

GELL?	NICHT WAHR? IST ES NICHT SO? (SÜDDEUTSCH)
Drahtesel  Fahrrad	
ZINNOBER MACHEN	UNNÖTIG VIEL AUFHEBENS UM ETWAS MACHEN
SPRINGINSFELD	UNBEKÜMMERTER, ÜBERMÜTIGER MENSCH 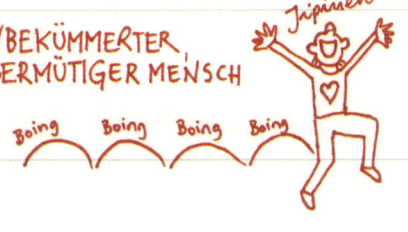
etwas ausbaden	etwas in Ordnung bringen, was jemand anderes verbockt hat
DOPPELDECKER / QUETSCHER	DAS HIER ↓ MEEEEGA LECKER!

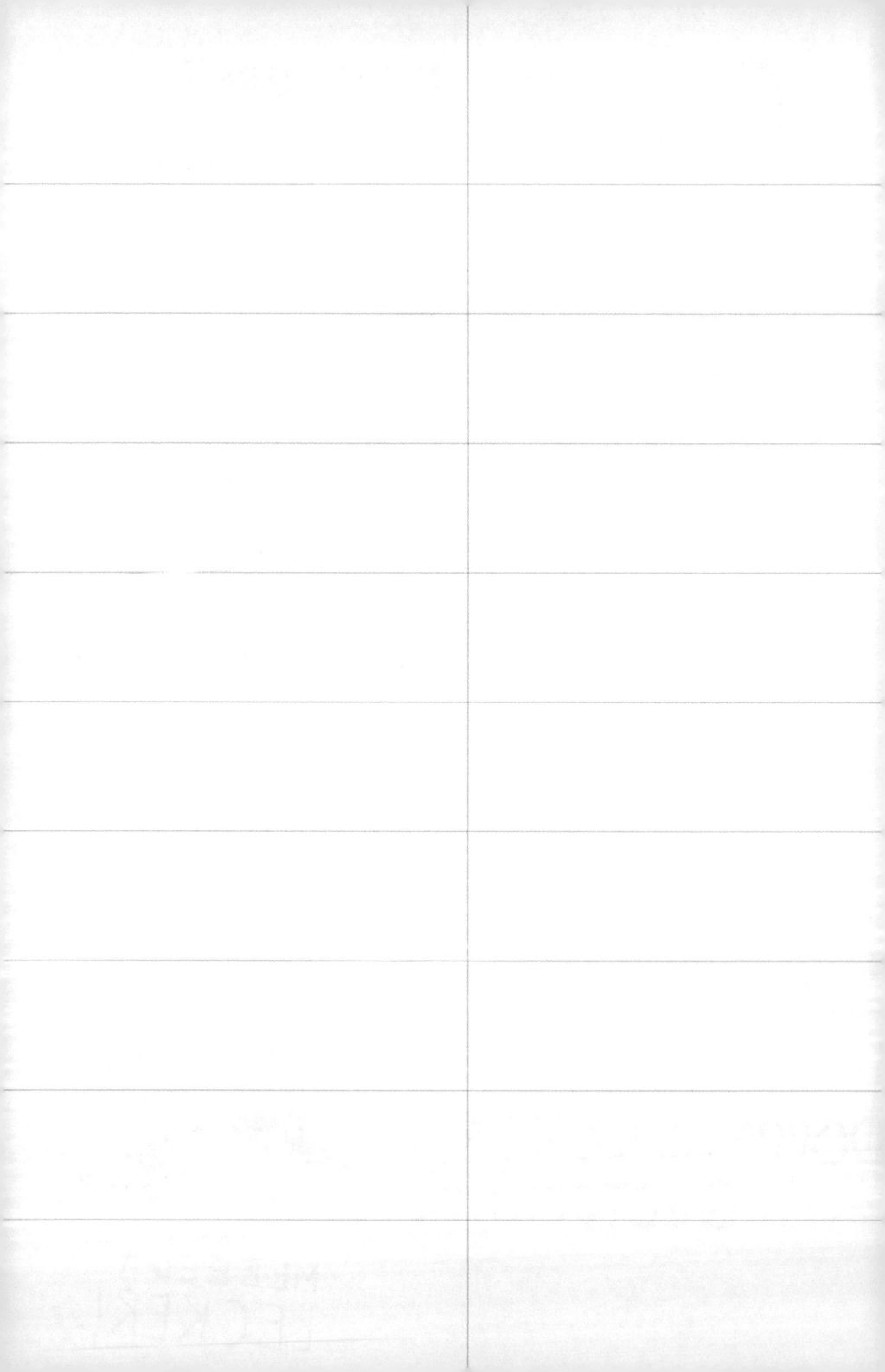

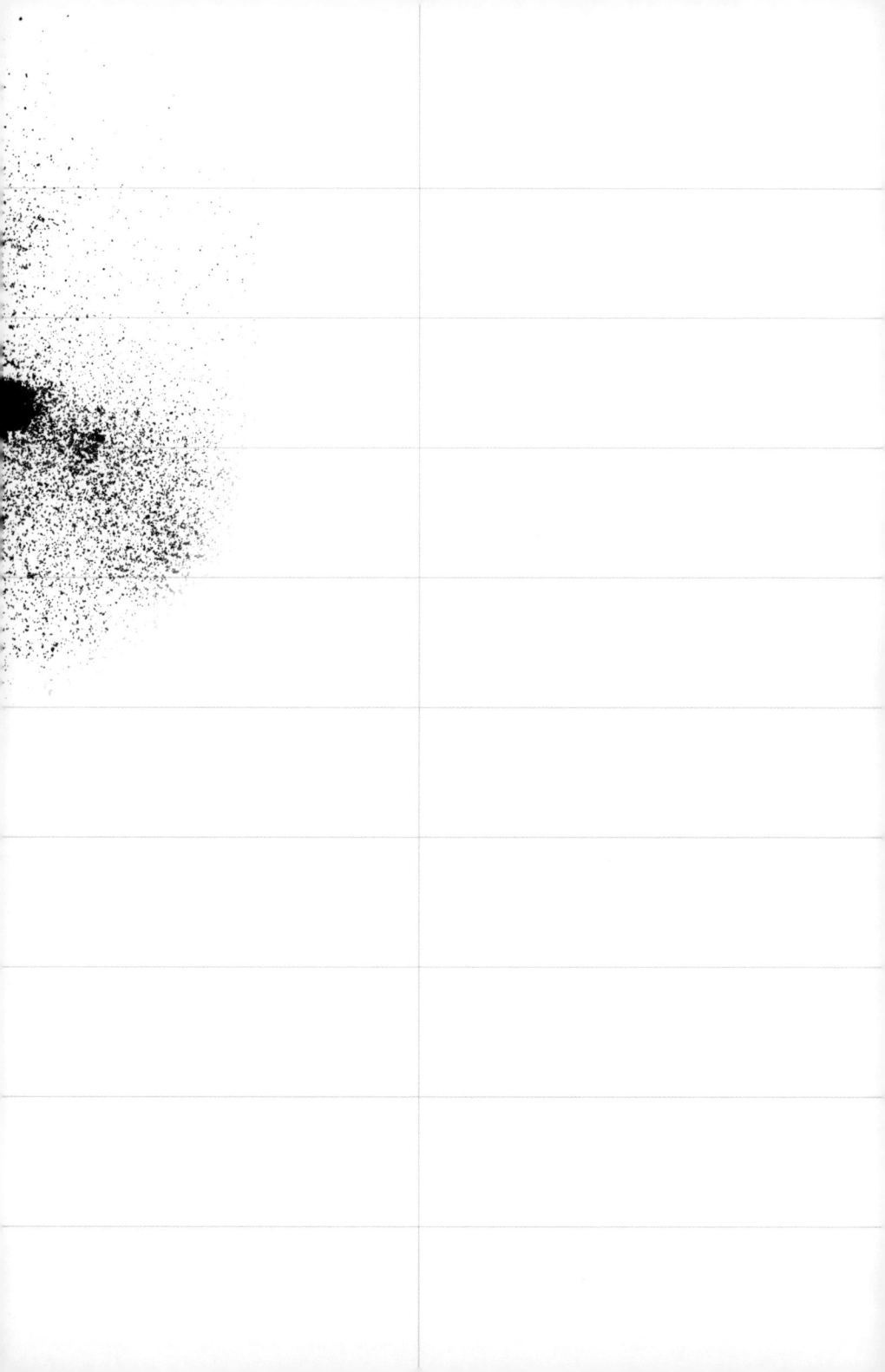

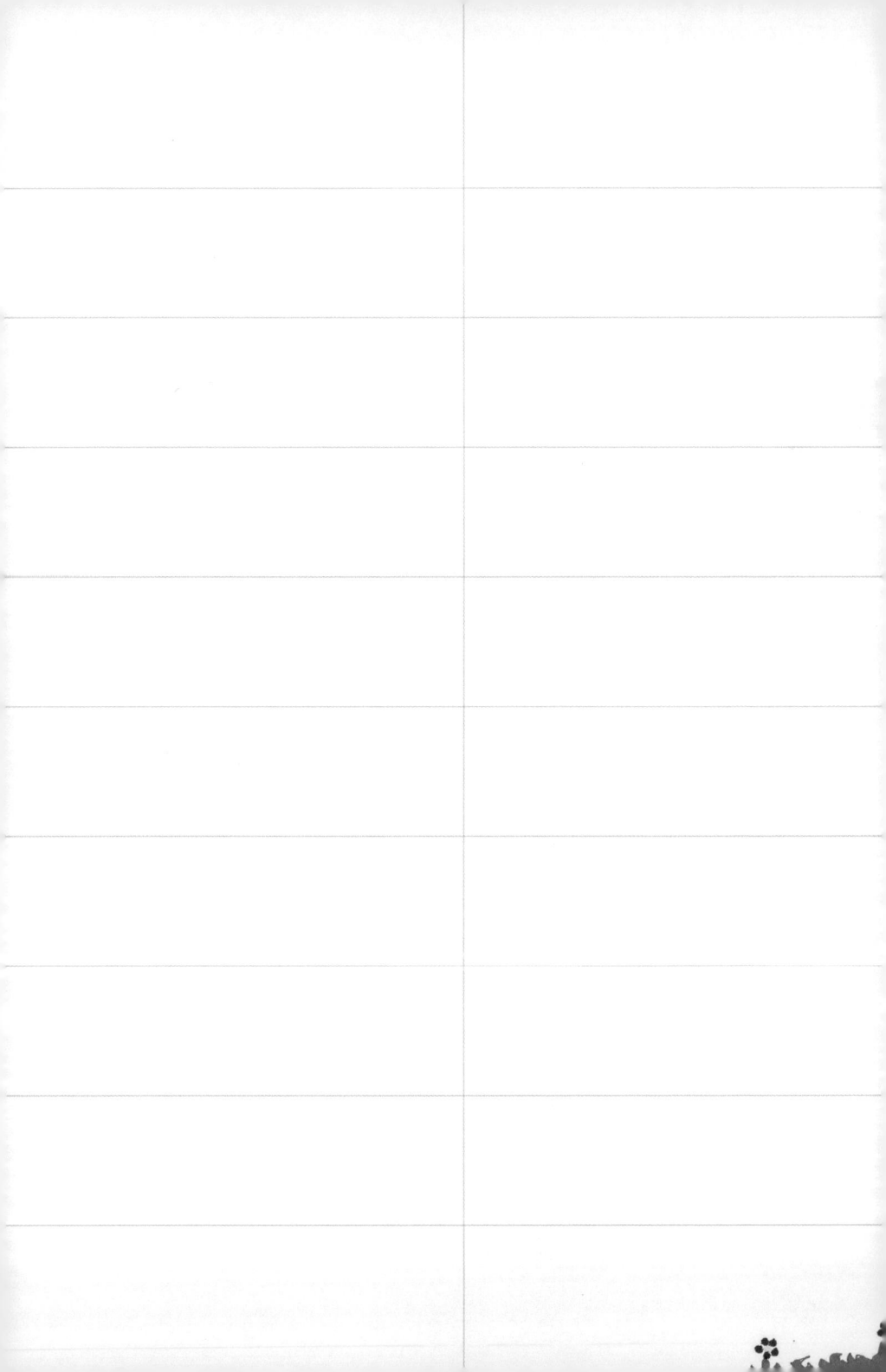

schwadronieren	viel zu lange aufdringlich erzählen
friemeln	heimwerken
Halt die Ohren steif.	Pass gut auf dich auf!
etwas geht einem durch die Lappen	etwas entgeht einem
einmachen (NICHT anmachen)	etwas haltbar machen, z.B. Obst zu Marmelade einkochen

ÄBBEL-KRÖTZE — **APFEL-KERNGEHÄUSE** (HESSISCH)

Faden verlieren	wenn man vergisst, was man sagen wollte
FROSTKÖTTEL 	PERSON, DIE SCHNELL FRIERT (WESTFÄLISCH)
Liebestöter	schreckliche Unterhose
BIS IN DIE PUPPEN	SEHR LANGE
Backpfeife	Ohrfeige
Hechelkurs	Geburtsvorbereitungskurs

NUSSSCHALE

KLEINES BOOT

SILBER-BLICK

SCHIELEN/ WENN EIN AUGE IN EINE ANDERE RICHTUNG GUCKT

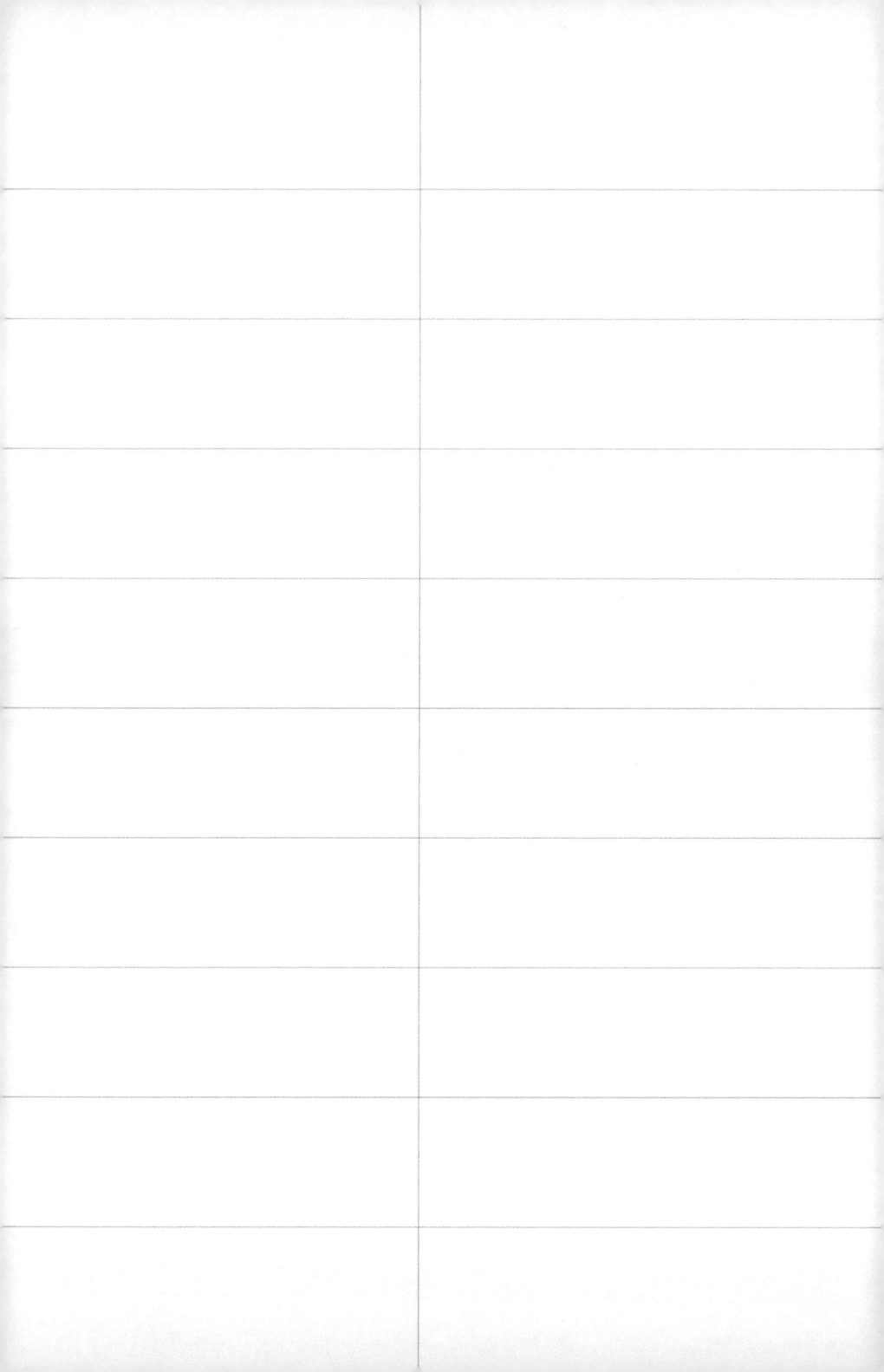

SCHWAMMERL PILZ
(BAYERISCH/ÖSTERREICHISCH)

ERISIE LÄSST NICHTS ANBRENNEN

ERISIE LÄSST SICH NICHTS ENTGEHEN (OFT IST DAMIT SEX GEMEINT)

TÜLLE

Spritzbeutelaufsatz für Sahne oder Creme, um Kuchen oder Kekse zu dekorieren

(Eine Art Ausgussrohr ist das auch. Sagt Papa :))

---

fidel — munter, vergnügt

SCHMUNZELN — BELUSTIGT LÄCHELN

Lückenbüßer — jemand, der einspringt, obwohl es jemand anderen (oftmals besseren) für den Job gibt

---

schlemmen — ohne Zeitdruck zu viel leckere Nahrung essen

BLECHLAWINE · STAU

NUDELHOLZ — Küchenhilfe zum Ausrollen von Teig

„DIE/DER HAT RÜCKGRAT." — DIE/DER STEHT ZU SEINER ÜBERZEUGUNG

LÜTT — **KLEIN** (NORDDEUTSCH)

ausbaldowern — mit Geschick etwas rausfinden, sich ausdenken

sich blümerant fühlen — sich unwohl fühlen

DUSEL HABEN 🍀	**GLÜCK HABEN**
weltschmerz	Traurigkeit darüber, dass man die Welt nicht ändern kann
GRÄTE	🐟 **FISCHKNOCHEN**
MAULAFFEN FEILHALTEN	**UNTÄTIG RUMSTEHEN UND GLOTZEN**
einschwören	"einschwören auf das Finale" sich ganz doll darauf vorbereiten, nichts anderes im Kopf haben
 **KULTUR-BEUTEL**	AUFBEWAHRUNGSORT FÜR DIE ELEMENTAREN DINGE AUF REISEN (ZAHNBÜRSTE, DEO...)

Flaute	fast windstill
KAKOFONIE	MISSKLANG / NERVIGE, STÖRENDE GERÄUSCHE
lau	mittelwarm (Tee, Sommernacht)
ulkig	merkwürdig und lustig zugleich
Nesthäkchen	jüngstes Kind einer Familie

Auswäddicher  jemand, der NICHT aus Franken kommt (natürlich fränkisch)

(Die/der hat...) **SITZFLEISCH**

Das hat jemand, der anstrengende langwierige Situationen mit stoischem Optimismus und Geduld aushält. (Kann sehr praktisch sein.)

GSCHWELLTI

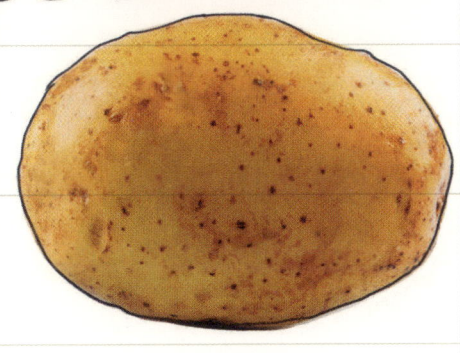

PELL-KARTOFFEL
(SCHWEIZERDEUTSCH)

EINEN BÄREN AUFBINDEN

JEMANDEM EINE GESCHICHTE ERZÄHLEN, DIE NICHT STIMMT, DER ZUHÖRER ABER GLAUBEN SOLL

schwofen  engumschlungen tanzen

schiffen gehen — pinkeln gehen (süddeutsch/schweizerdeutsch)

wunderfitzig — neugierig (schwäbisch/schweizerdeutsch)

AUGENWEIDE — sehr schöner Anblick (Person, Landschaft)

ANSERPANIER	FEINE SONNTAGSKLEIDUNG (ÖSTERREICHISCH)
diesig (Wetter)	nebelig, nasskalt
DAUERBRENNER	PRODUKTE ODER LIEDER, DIE ÜBER EINEN LANGEN ZEITRAUM SEHR ERFOLGREICH SIND
FOTZNSPANGLER 	ZAHNARZT (BAYERISCH)
schier	pur, unvermischt
schnorren	betteln

Fernweh	wenn man gerne an einem undefinierten anderen Ort wäre (weil man denkt, dass dort das wahre Leben stattfindet)
	**EINEN STRAFZETTEL KRIEGEN**
Spleen	liebenswerte Marotte / Tick
die Katze aus dem Sack lassen	etwas Geheimes verraten, eine Neuigkeit verkünden
Stuck	Deckenornamente, Verzierungen

Ja! Hinter dieser Hose steht genau das, was du vermutest ;-)

SCHNELLFICKRHOSE

GEMÜTLICHE JOGGINGHOSE MIT SEITLICHER AUFREISSBARER KNOPFLEISTE
(GEEIGNET FÜR „GEWISSE STUNDEN")

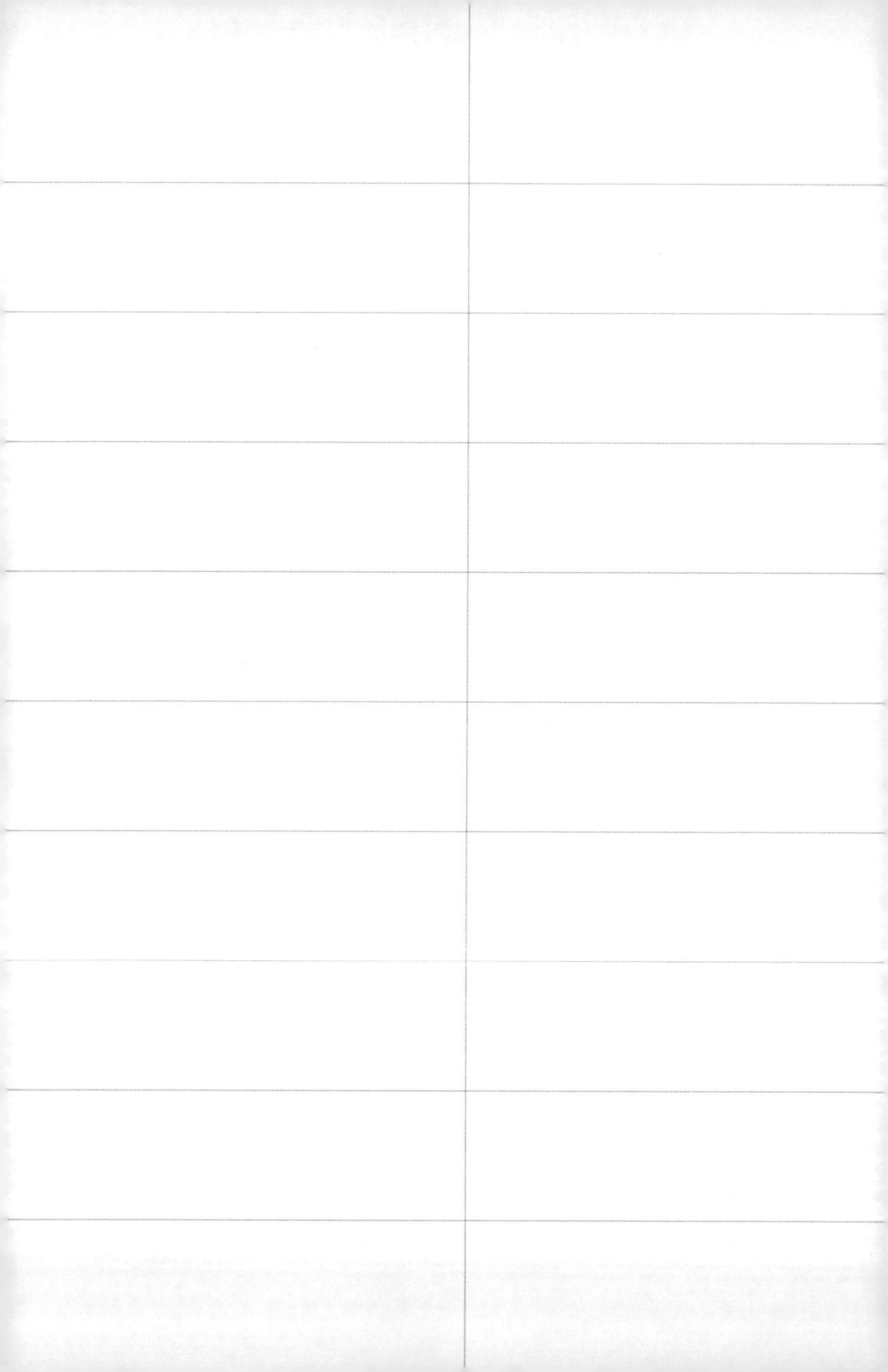

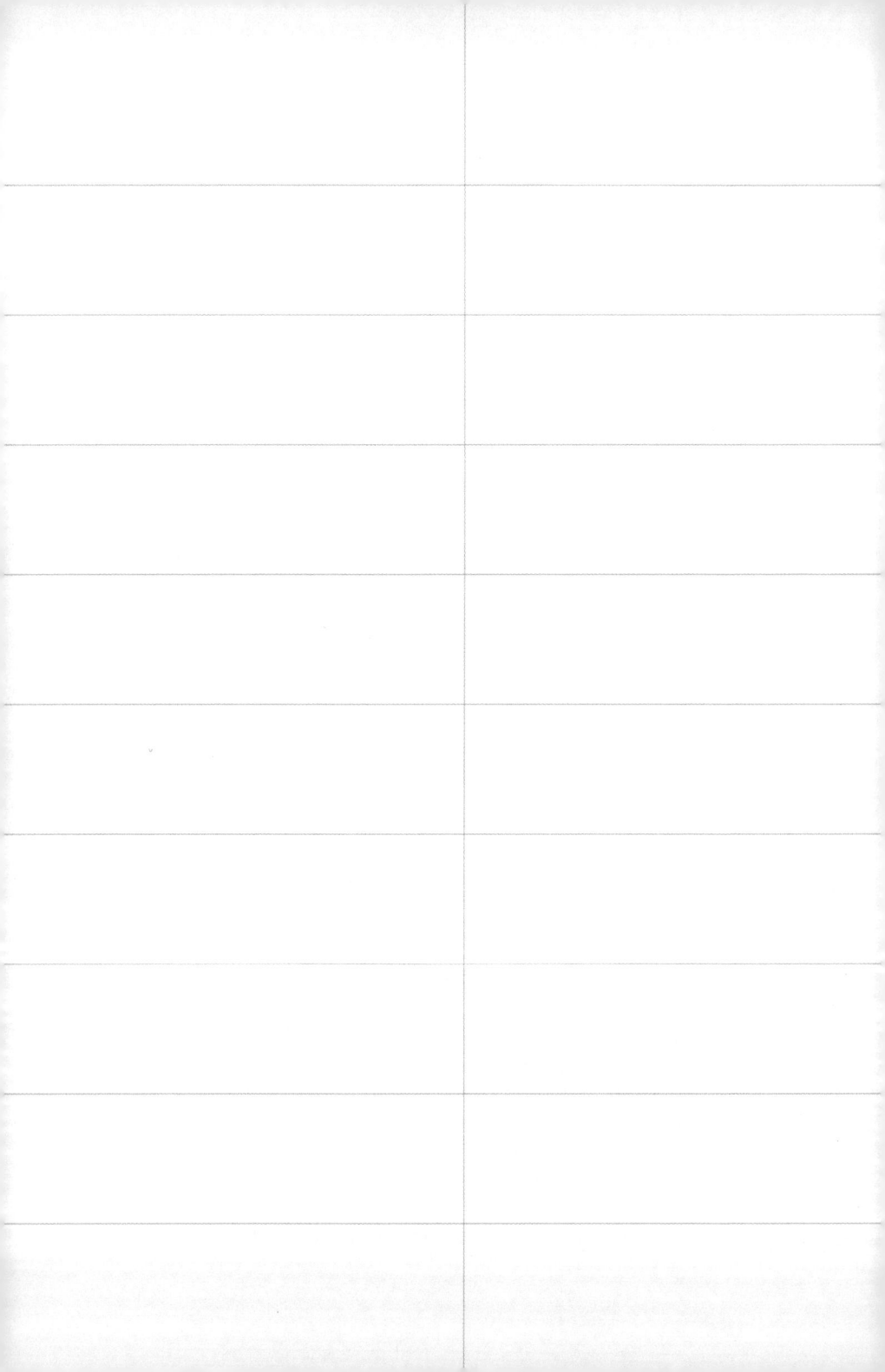

ABGRABBELN

ETWAS BEFUMMELN
z.B. OBST IM SUPERMARKT

(WIENERISCH)

BROTZELE — ETWAS BRATEN (HESSISCH)

Mäuschen spielen — sich ganz unauffällig verhalten, um etwas zu belauschen

abhotten — tanzen

emsig — begeistert etwas tun und das mit Ausdauer

FLEISCHPFLANZERL — FRIKADELLE (BAYERISCH)

benetzen — anfeuchten

PROLL — ANGEBER MIT DOOFEM OUTFIT UND BLÖDEM VERHALTEN

MUCKIBUDE

FITNESS-STUDIO

 „OPA LANGBEIN"	nette Hausspinne (Weberknecht)
verschlimmbessern	eigentlich wollte man etwas schöner machen, aber dann (man weiß nicht genau, wie es geschah) sicht's nach dem "Verbessern" voll scheiße aus.
GLUSCHDA	APPETIT/LUST (schwäbisch)
sich beömmeln	etwas sehr lustig finden (westfälisch)
Kommod	bequem/gemütlich (NORDDEUTSCH)
WEICHE	DADURCH KANN EIN FAHRENDER ZUG VON EINEM GLEIS AUF'S ANDERE WECHSELN

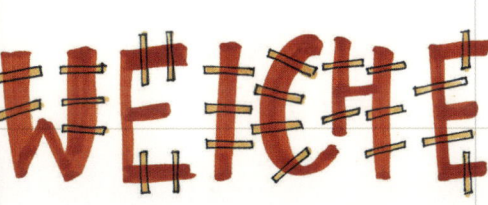

FUNKENMARIECHEN

FRAG' JEHANDEN AUS DEM RHEINLAND ☺

Du hast wohl Lack getrunken!

Du spinnst wohl!

TUMULT

aufgeregtes Gedränge, Chaos

fremdschämen (Fremdscham)

leiden, wenn man sieht, wie sich eine andere Person (auch unwissentlich) blamiert

SCHWÄTZ KOIN LOHKÄS!

RED KEINEN UNSINN! (SCHWÄBISCH)

einen Föhn kriegen

sich ärgern / sich aufregen

UWE
„UNTEN WIRD'S EKELIG"

letzter Schluck eines Getränks

FLASCHEN DREHEN

Menschen sitzen im Kreis und in der Mitte liegt eine Flasche. Die wird mit Schwung gedreht. Die Person, auf die die Flasche zeigt, muss bestimmte Aufgaben erfüllen. Endet gern mit Geknutsche. 💋

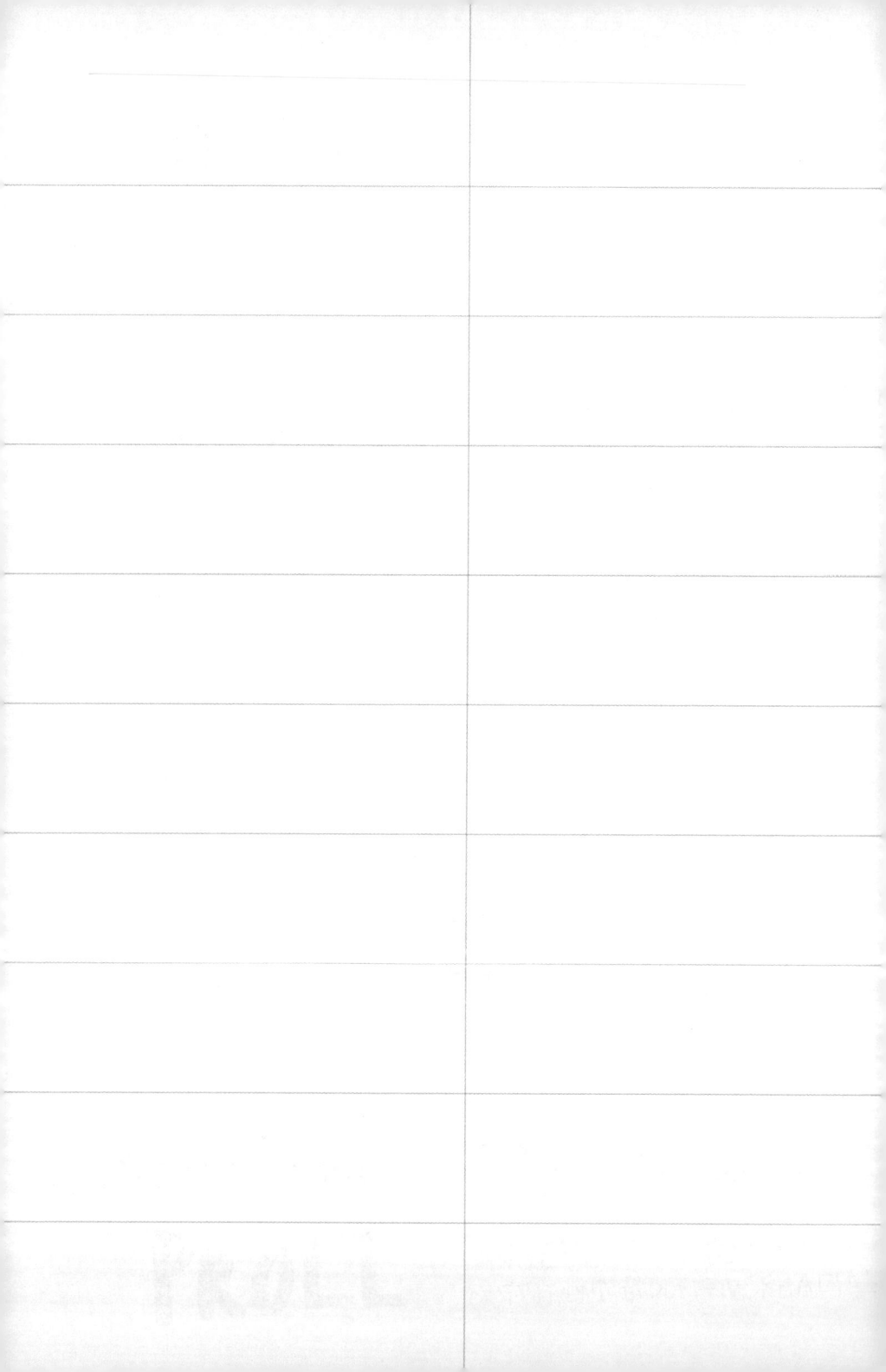

Adieu

Pfia
ei

Tschau

Ade

Auf Wiedersehen!

Adele

Baba

SEHR DOLL DANKE:

Das LEVIKON ist über viele Jahre gewachsen und eine Menge Leute haben den Weg zu diesem Buch, das Ihr in den Händen haltet, geebnet. Ohne all die zunächst schüchternen, dann immer interessierteren, wissbegierigen Fragenden wäre dieses Buch überhaupt nicht erst entstanden. Und ohne die bereitwilligen Auskunftgeber, die die Wörter und Ausdrücke mit viel Spaß, Zeit, jeder Menge Filzstiften und manchmal auch Promille (denn das LEVIKON war natürlich auf jeder Party dabei!) erklärt haben, sähe das Buch nicht so aus, wie es aussieht.

An dieser Stelle eine dickes fettes Danke, dass Ihr dieses herrlich bescheuerte, wilde, aber trotzdem so sinnvolle Wort-Sammelsurium möglich gemacht habt.

Danke an meine Familie, an meine Freundinnen und Freunde fürs Unterstützen und Dasein.

Danke an den Kunstmann Verlag, der mich bei der Realisierung perfekt begleitet hat: professionell, tatkräftig und empathisch.

Danke an Euch, die Ihr die Idee des LEVIKONS weiterführt. Teilt gerne Eure persönlichen Knallerwörter, Lieblingsbegriffe, Ausdrücke und Redewendungen mit dem Hashtag #levikon.
Ich bin gespannt wie ein Flitzebogen!

Bis bald

Servus

© Verlag Antje Kunstmann GmbH, München 2021
Druck und Bindung: Pustet, Regensburg
ISBN 978-3-95614-397-7
Alle Rechte vorbehalten.
www.kunstmann.de